おはらごはん

家族のおいしい顔がみたくて。

小原正子

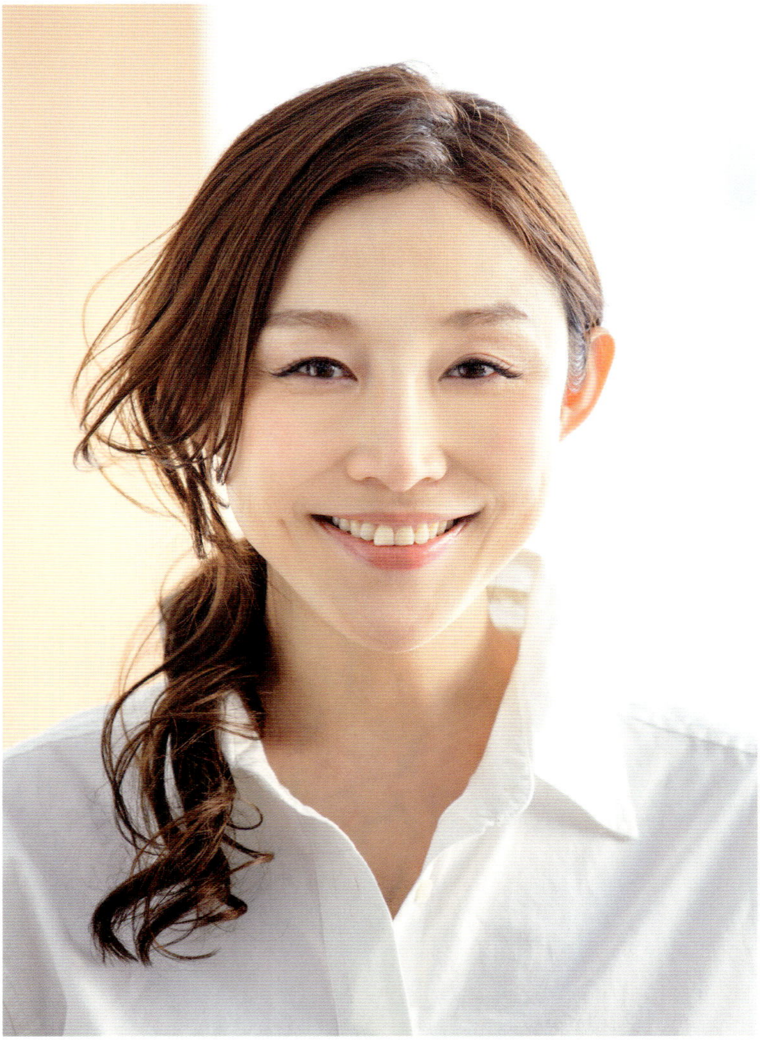

お料理は我流です。
だんなさんにおいしいものを食べてほしいから
料理番組を見たり、雑誌やネットも参考にして
いつも新しいことにチャレンジしています。

20代のころ大食いタレントみたいなお仕事をさせてもらっていて、ラーメン8人前、とんかつ3キロなんて量を平気で食べていました。どれぐらいの油や砂糖をとっているんだろうと思うと、食べることに罪悪感もありました。痩せの大食いで、食べようと思えばいくらでも食べられたから、だったらおいしくて体にいいものを食べたいと自然に感じるようになったんです。
家ごはんのいいところは、好きなものを好きなだけ自由に食べられるところだと思います。油や砂糖の量、カロリーも自分で決められるし、野菜もいっぱい食べられる。なにより外食するより絶対に安い！
この本で紹介しているレシピは、どれも日々、私が食べているものです。
簡単にできて、おいしくてヘルシーが基本。ダイエットをしている人にも安心して食べてもらえるメニューだと思います。
「料理ができる」というのは女の武器やと言いたい。「料理なんかしなそう」という女性が、実はめっちゃ上手というギャップは間違いなく強い武器になると思うんです。
私の料理をだんなさんがよろこんで食べてくれると、それがまたうれしくて、料理づくりがどんどん楽しくなっています。

気になったレシピは切り抜いて保存。ノートに貼ってマイ料理ブックにしています

CONTENTS

- 02 　はじめに

1. 夫婦そろってお肉が大好き
- 06
- 08 　サルサソースのステーキ／サルサドレッシング
- 10 　ハンバーグ／大リーグバーガー
- 12 　簡単ローストビーフ／カレーポテト
- 14 　ビーフグラタン
- 15 　肉スープ
- 16 　香味野菜たっぷりのしゃぶしゃぶ
- 18 　肉うどん
- 19 　おはらのチンジャオロース風
- 20 　牛すじカレー／牛すじのお好み焼き
- 22 　小原正子のライブ料理　30分で3品
　　　牛肉と野菜のレンジ蒸し／豆腐チゲ風スープ／たこのコチュジャン和え

2. うちで人気のメニュー
- 26
- 28 　小原家のホットプレート餃子／鶏団子スープ
- 30 　鶏肉のビール煮込み
- 31 　マーボー豆腐
- 32 　豚肉と白菜のミルフィーユ山芋かけ
- 33 　たこ飯
- 34 　ブイヤベース
- 35 　チーズケーキ
- 36 　うちで人気の酒のアテ
　　　豆もやしのパクチー和え／鶏とセロリのレモン炒め／蒸しキャベツのコンビーフのっけ／
　　　いかとしめじの中華蒸し／白菜のコールスロー
- 38 　うちで人気のスープ＆味噌汁
　　　豆腐とみょうがの味噌汁／オニオンスープ／トマトとベーコンの味噌汁／わかめスープ／
　　　きくらげと春雨スープ
- 40 　うちで人気の即席漬け
　　　セロリのポン酢漬け／らっきょうとみょうがの混ぜ和え／きゅうりのオリーブ漬け／
　　　カリフラワーとパプリカのピクルス／山芋の山椒醤油漬け

3. 365日欠かさず、豆腐、納豆、厚揚げ！
- 42
- 44 　豆腐と納豆のグラタン
- 45 　高野豆腐のえびトースト風
- 46 　豆乳鍋
- 47 　厚揚げのピザ
- 48 　豆腐ステーキ、焼きトマトのっけ

49	いろいろきのこの豆腐チャンプルー
50	豆腐＆大豆製品の小さなおかず
	トマトと豆腐のカプレーゼ風／湯葉とオクラの冷奴／アボカド豆腐／納豆とニラのチヂミ／豆腐のレンジ茶碗蒸し／蒸し鶏と湯葉の香味和え／おからのポテトサラダ風／焼き豆腐とジャコのピリ辛サラダ／納豆きんちゃく

54	**4. たまにはひとりでフライパン鍋**
56	点心鍋
57	蒸し鍋
58	かきのチャウダー鍋
59	チーズフォンデュ鍋
60	トマトポトフ鍋
61	ちゃんちゃん鍋
62	カレーおでん鍋
63	芋煮鍋
64	豆腐チゲ鍋
65	タッカンマリ風鍋

66	**5. おはらの冷凍ワザ、教えます**
68	簡単でおいしい！ 冷凍フルーツのデザート
	りんごのコンポート／キウイのシャーベット／フローズンヨーグルト／フルーツ氷／凍らせプチトマト
70	あると便利な冷凍FOOD
	シラスおろし／きのこのお吸い物／冷凍キューちゃん／フルーツトースト
72	うちではこんなものも冷凍しちゃいます
73	凍らせたスイーツが大好き！
74	HOW TO 冷凍 INDEX
76	おはらごはんの流儀
77	マックより愛をこめて
78	大好きな朝ごはん＆おやつ
79	おはらの片腕

○1カップは200ml、大さじ1は15ml、小さじ1は5mlです。
○レンジの加熱時間は500Wのものを使った場合の目安です。(P51「豆腐のレンジ茶碗蒸し」のみ200Wを使用)
○材料の分量は2人前や1人前など料理によって記していますが、
　ドレッシングや即席漬けなどはつくりやすい分量になっています。
○にんにく、生姜などのすりおろしはチューブのもので代用できます。

> 栄養コメント／**舘野真知子**（料理家・管理栄養士）
> アイルランドでの料理留学を経て、テレビや雑誌、各地講演会などで活躍。発酵料理をキーワードに、料理の楽しさや食べることの大切さを伝える。著書に『おいしく食べる あま酒レシピ』ほか多数。

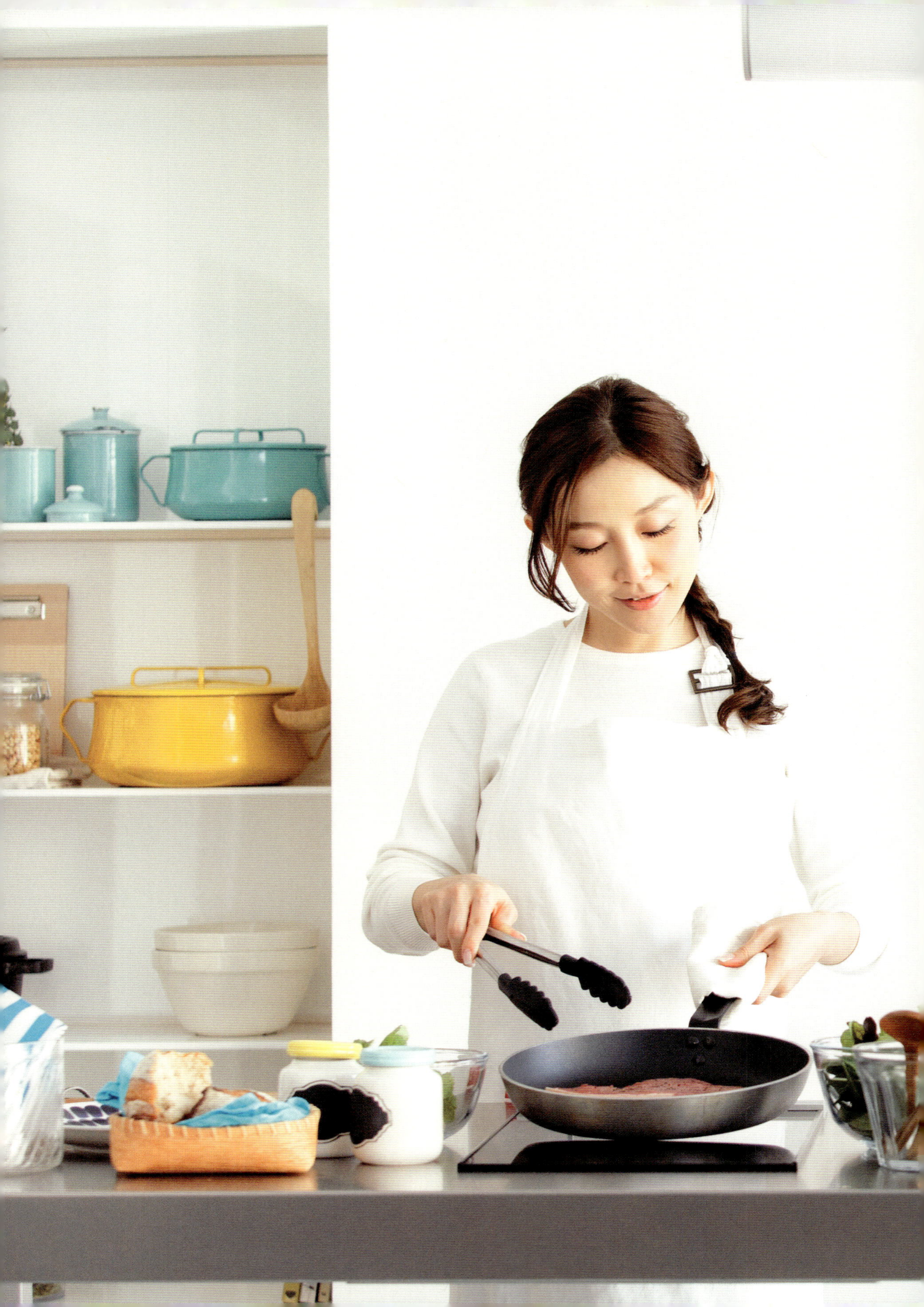

1. 夫婦そろってお肉が大好き

**うちでは肉といえば牛肉。
ヘルシーで安い赤身肉をおいしく食べています**

料理って見た目のインパクトも大事。ど〜んとお肉が出てきたら、うれしいですよね。
ステーキ、しゃぶしゃぶ、カレーに肉うどん、うちではしょっちゅう牛肉料理が登場します。使うのは外国産の赤身のお肉。
だんなさんは海外生活が長かったので、赤身肉のおいしさをよく知っています。
私も神戸出身で、幼いころからいろんなところで牛肉を食べる機会がありました。脂ののったサーロインより赤身のヘレ（関西ではヒレ肉をヘレと言います）が好きというような、ちょっとなまいきな子供やったんですよね。
赤身のお肉はなんといってもヘルシー。たくさん食べても胸焼けしないし、噛めば噛むほど深い味わいがあり、外国産のお肉なら安いのも魅力です。
霜降りの国産牛もたまに食べるのはいいけれど、家庭料理にはやっぱり赤身肉。うちではハンバーグも赤身の塊肉を買ってきて、ビーフ100％でつくります。

Beef love

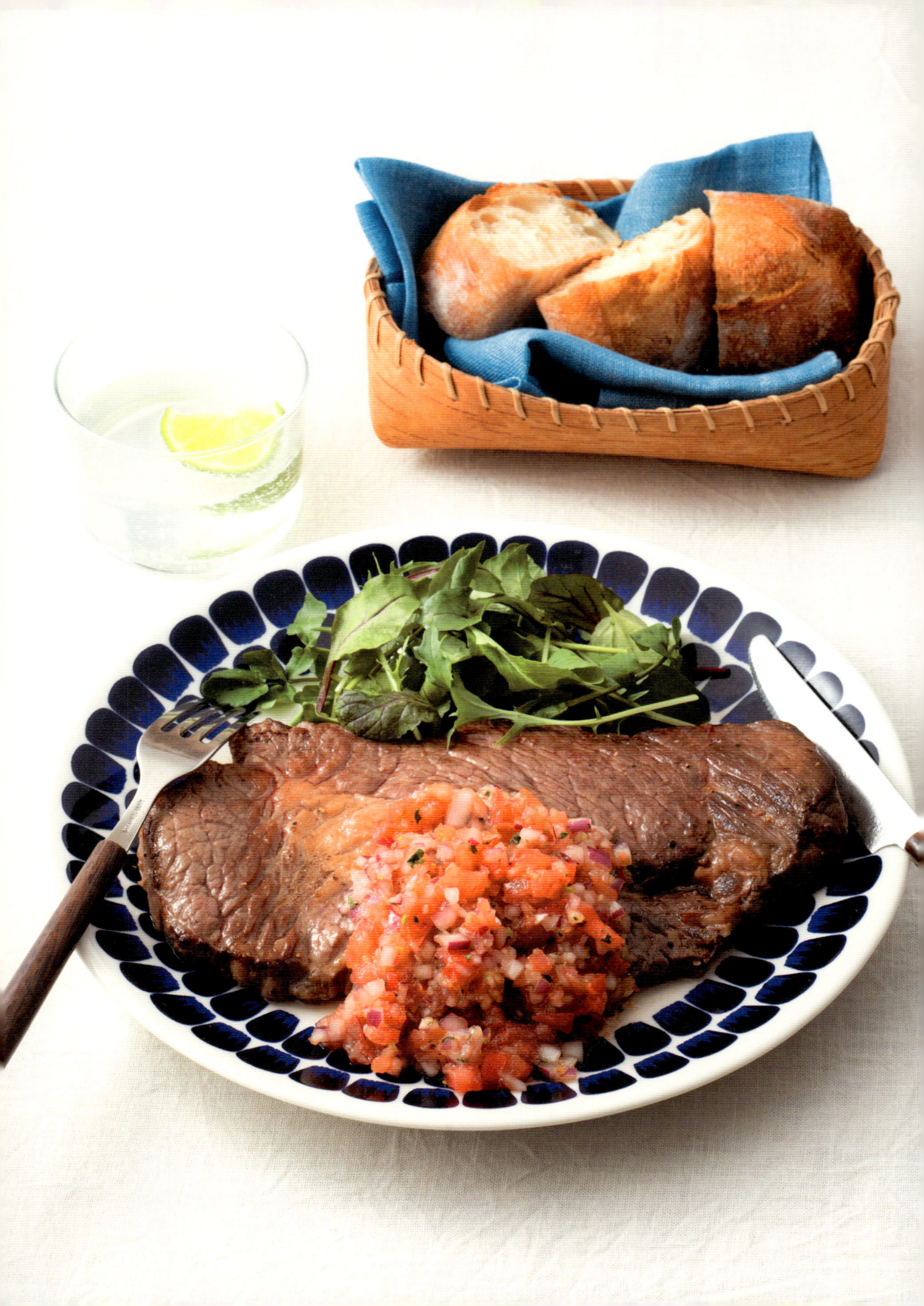

食いしん坊のだんなさんが教えてくれた
野菜たっぷりのステーキソース

サルサソースのステーキ

【材料】(2人分)
牛ステーキ肉 …… 2枚
トマト …… 1個
赤玉ねぎ …… 1個
セロリ …… 1本
パクチー …… 1/4パック
にんにく(すりおろし) …… 大さじ1
ライム …… 1個
A ｜ オイスターソース …… 大さじ1/2
　｜ ビール …… 大さじ1
　｜ タバスコ …… 適量
塩 …… 小さじ1/4
胡椒 …… 適量
〔付け合わせ〕
ベビーリーフ …… 適量
クレソン …… 適量

【作り方】
① トマト、赤玉ねぎ、セロリ、パクチーはみじん切り、ライムは搾る
② ボウルに①とにんにく、Aを入れ塩、胡椒で味を調える
③ ステーキ肉は両面塩、胡椒(分量外)をしてフライパンで焼く
④ ③に②をかけてベビーリーフとクレソンを添える

🌿 舘野真知子先生からひとこと

生野菜に含まれる酵素は、消化、吸収、排せつなど、体が正常に働くために欠かせない物質。分厚いステーキも、生野菜たっぷりのサルサソースといっしょに食べれば胃もたれしません。玉ねぎ、セロリなど、いろんな野菜が一度に摂れるのもいいですね。

■ さっぱりしていていくらでも食べられる魔法のソース。毎回、適当にアレンジしてつくっていますが、ライムと赤玉ねぎ、ビールは必ず入れます。

SALSA!

あまったソースはドレッシングに。
チップスのディップにもぴったり

サルサドレッシング

【材料】
サルサソース …… 大さじ6
オリーブオイル …… 大さじ1
野菜(好みのもの) …… 適量

【作り方】
① サルサソースにオリーブオイルを加えてよく混ぜる

■ サルサソースはたっぷりつくって、次の日はドレッシングにします。生野菜や蒸し野菜、豆腐のサラダ、焼き魚に添えてもおいしい。

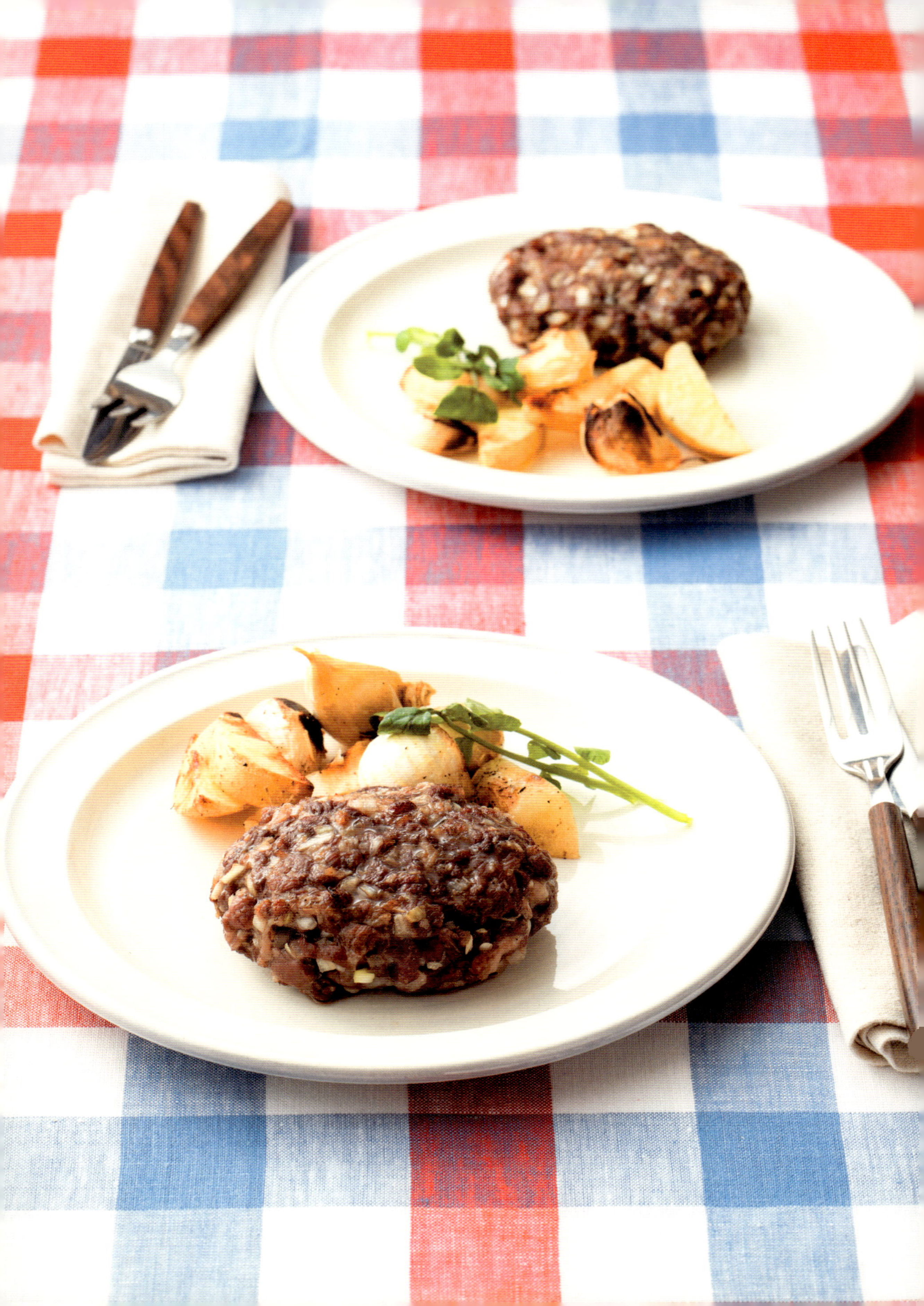

グリルで焼くからヘルシー。
牛肉100%、大人のハンバーグ

ハンバーグ

【材料】（2人分）
牛肩ロース塊肉 …… 400g
玉ねぎ …… 1/2個
A｜塩 …… 小さじ1/2
　｜粗びき黒胡椒 …… 適量
〔付け合わせ〕
にんにく …… 1個
じゃがいも …… 1個
クレソン（あれば） …… 適量

【作り方】
① 牛肩ロース塊肉は半冷凍にしてから、細かく切る。玉ねぎはみじん切りにする。にんにくは皮付きのまま房からはずす。じゃがいもはくし形に切る
② ボウルに①の肉、玉ねぎ、Aを入れよく混ぜ、2等分にして小判形に整える
③ グリルにアルミホイルをのせ竹串などで数カ所穴をあける
④ ③に②、①のにんにくとじゃがいもをのせ、両面焼きの場合は約15分、片面焼きの場合は（上下返して）約20分、様子を見ながら焼く。
※焦げるようならアルミホイルをかぶせる
⑤ 肉の中心に竹串をさして少し押し、透明の脂が出れば焼き上がり。焼いたじゃがいもに塩（分量外）をふり、器に盛りクレソンを添える

■ 赤身の多い肩ロース肉を塊で買って包丁でたたき、ひき肉に。お肉を半冷凍にして切る方法は、だんなさんに教えてもらいました。

アルミホイルに穴をあけ、余分な脂を落としながら魚焼きグリルで焼きます。油を一切使わずヘルシー

HAMBURG!

次の日のお楽しみは
豪快なビッグバーガー

大リーグバーガー

【材料】
ハンバーグ …… 2個
バンズ …… 2個
トマト（輪切り）…… 2枚
玉ねぎ（輪切り）…… 2枚
レタス …… 2枚
スライスチーズ …… 2枚
トマトケチャップ …… 適量
塩、胡椒 …… 適量

■ かためのバンズに、具をたっぷり。だんなさんいわく、ハンバーガーは上品に食べちゃダメだそう。ぎゅーっと押さえて、つぶしてからかぶりつきます。

【作り方】
① バンズに材料を挟み、好みでトマトケチャップ、塩、胡椒をかける

舘野真知子先生からひとこと
包丁で粗く刻むことで肉本来のうまみを感じる、食べごたえのあるハンバーグになります。市販のひき肉には脂の部分が多く含まれており、赤身の塊肉を使えばカロリーは大幅にダウン。フライパンではなく、魚焼きグリルで焼くのもヘルシーですね。

赤身肉の旨みが引き立つシンプル手順
いろいろソースを添えて
簡単ローストビーフ

【材料】（2人分）
牛もも塊肉 …… 400g
塩 …… 小さじ1/2
粗びき黒胡椒 …… 適量
にんにく（スライス）…… 2かけ分
〔ソース〕
・バーベキュー風ソース
ウスターソース …… 大さじ1
トマトケチャップ …… 大さじ1/2
にんにく（すりおろし）…… 少々
粒マスタード …… 小さじ1
砂糖 …… 小さじ1/4
醤油 …… 小さじ1/2
・和風ソース
ポン酢 …… 大さじ3
わさび（すりおろし）…… 小さじ1/2
オリーブオイル …… 大さじ1
・エスニック風ソース
ナンプラー …… 大さじ2
生姜（すりおろし）…… 小さじ1/2

【作り方】
① 牛もも肉塊は室温に戻し、肉の表面に塩、胡椒をして切り込みを入れ、にんにくを差し込み、アルミホイルで包む
② グリルに入れ、両面焼きの場合は約10分、片面焼きの場合は（上下を返して）約10〜15分焼く。肉の中心に竹串をさしてそのまま少し置き、ぬいた竹串が少し温まった頃が出来上がりの目安
③ 余熱が取れるまでそのまま冷まし、食べやすい大きさに切る。お好みで付け合わせの野菜を添える
④ ソースは材料をそれぞれ混ぜ合わせる

シンプルな肉料理だから、いろいろなソースを用意すると楽しい。エスニック風のソースは魚料理にも合うと思います。

ROAST BEEF!

肉の表面に塩、胡椒をすり込み、2cm深さぐらいの切れ目を入れ、薄切りにしたにんにくを差し込む

舘野真知子先生からひとこと
赤身のお肉には、良質なたんぱく質や脂肪燃焼に効果があるL-カルニチンなどの成分が豊富に含まれています。ローストビーフは、赤身肉をおいしく食べる調理法。ゆっくりと火を通すことで、脂身の少ない肉でもやわらかくジューシーに仕上がります。

ローストビーフに合う
おすすめサイドメニュー

カレーポテト

【材料】（2人分）
じゃがいも …… 1個
うずら卵（水煮缶）…… 6個
カレー粉 …… 小さじ1
マヨネーズ …… 大さじ1
塩 …… 小さじ1/4

【作り方】
① じゃがいもは食べやすい大きさに切ってレンジでやわらかくなるまで加熱する
② フライパンにマヨネーズを熱して①、うずら卵を入れて炒め、カレー粉、塩で味を調える

カレー＋マヨネーズは、男性が大好きな味。だんなさんもお気に入りのおかずです。冷蔵庫に何もないときでも、うずら卵の水煮缶詰のストックがあるとさっと一品がつくれて助かります。

**お肉と野菜のごちそうグラタン。
ポイントは2種類のチーズを使うこと**

ビーフグラタン

【材料】（2人分）
牛切り落とし肉 …… 200g
薄力粉 …… 大さじ1
じゃがいも …… 2個
玉ねぎ …… 1個
バター …… 10g
A｜赤ワイン …… 大さじ2
　｜ウスターソース …… 大さじ1
　｜トマトケチャップ …… 大さじ1
塩 …… ひとつまみ
胡椒 …… 適量
とろけるチーズ …… 50g
粉チーズ …… 大さじ1

【作り方】
① じゃがいもはスライスして耐熱皿に入れ、ラップをしてレンジで約5分加熱する
② 玉ねぎは薄くスライスする。牛肉に薄力粉をまぶしておく
③ フライパンを熱しバターと玉ねぎを入れ、しんなりするまで炒める。牛肉を入れ、ほぼ火が通ったらAを加えてとろみがつくまで炒め煮にし、塩、胡椒で味を調える
④ ①の上に③を重ね、2種類のチーズを全体にのせトースターでチーズが溶けるまで焼く

とろけるチーズをチェダーチーズにして、焦げ目がつくまで焼き、粉チーズをかけてさらに焼いてもおいしいです。

舘野真知子先生からひとこと
マッシュポテトとひき肉のビーフグラタンに比べ、同じ食材でもカロリーが低く、満腹感があります。赤身肉には鉄分、チーズにはカルシウムがたっぷり。

根菜とこんにゃくのほっとするおいしさ。
ピリ辛好きは唐辛子を増やしても

肉スープ

【材料】（2人分）
牛切り落とし肉 …… 150g
こんにゃく …… 1/5枚
れんこん …… 2cm
大根 …… 1cm
にんじん …… 3cm
長ねぎ …… 1/4本
木綿豆腐 …… 1/10丁
水 …… 400ml
和風だしのもと …… 小さじ1
唐辛子（種を取って）…… 1本
塩 …… 小さじ1/2
胡椒 …… 適量

【作り方】
① こんにゃくはスプーンで一口大にちぎり、れんこん、大根、にんじんはいちょう切り、長ねぎは1cm幅の小口切り、木綿豆腐は手で一口大にちぎる
② 鍋に水と和風だしのもとを入れ、①、牛肉、唐辛子を入れて蓋をして弱火で野菜がやわらかくなるまで煮る
③ 塩、胡椒で味を調える

ひたすら安いお肉を煮込んだだけで、すごくおいしいスープに！ 具だくさんだから、これがごはんがわりになっています。

舘野真知子先生からひとこと
こんにゃくは胃腸をきれいにし腸内環境を整えてくれるデトックス食材。れんこんなど根菜類には豊富な食物繊維が含まれ、美容効果、ダイエット効果も絶大。たくさん食べてもローカロリーなスープですね。

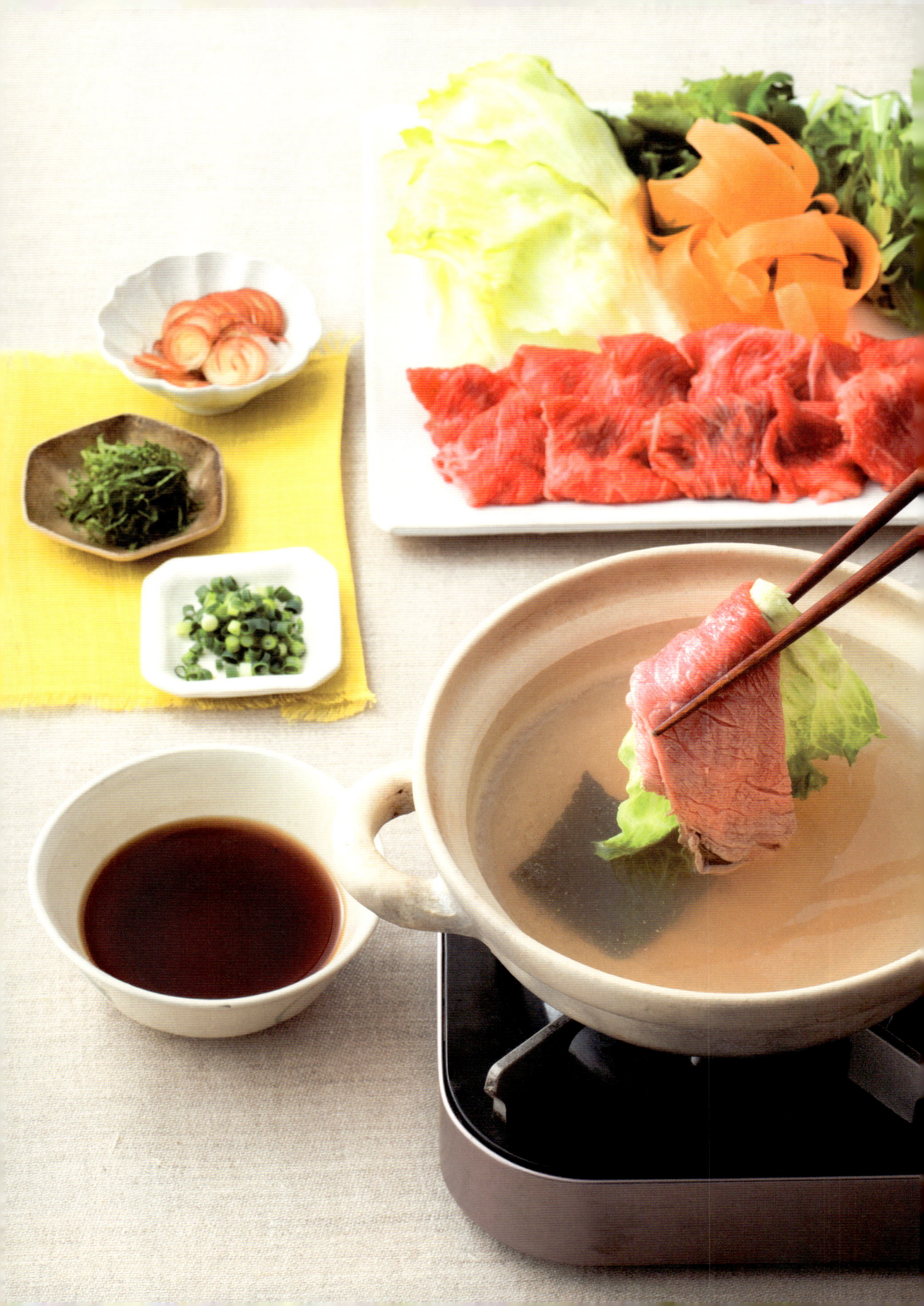

お肉は火を通しすぎないように。
おだし風のたれでさっぱり食べます

香味野菜たっぷりのしゃぶしゃぶ

【材料】(2人分)
牛しゃぶしゃぶ肉 …… 400g
レタス …… 1/2個
水菜 …… 1/2パック
三つ葉 …… 1パック
にんじん …… 1/2本
昆布 …… 1枚(5cm幅)
水 …… 適量
〔薬味〕
あさつき(小口切り) …… 適量
大葉(千切り) …… 適量
みょうが(輪切り) …… 適量
〔おはらの黄金たれ(つくりやすい分量)〕
白だし …… 300ml
醤油 …… 200ml
みりん …… 100ml

【作り方】
① 水菜、三つ葉、レタスは食べやすい大きさに切り、にんじんはピーラーでリボン状に削る
② 薬味を用意する
③ 黄金たれの材料を鍋に入れ、沸騰したら火を止め、アルコール分を飛ばす
④ 土鍋に昆布、水を熱し、野菜と牛肉を入れ、牛肉がピンク色に変わったら薬味とたれをつけていただく

■ お肉の3倍、お野菜が食べられるしゃぶしゃぶ。牛肉、たっぷりの薬味をレタスで巻いて、うどんだしよりちょっと濃いめのたれにつけて食べます。

舘野真知子先生からひとこと
しゃぶしゃぶすることで肉の余分な脂が落ち、比較的低温で、短時間の調理法だから熱に弱いビタミンBもしっかりとれます。野菜に含まれるファイトケミカルには免疫力を高めてくれる効果が。いろんな薬味で味が変わり、飽きずに食べられるのもいいですね。

SHABUSHABU!

シンプルな黄金たれに、いろんな薬味や辛み調味料をプラス

薬味◎千切り生姜、ざく切りにしたパクチー、ゆずの皮、大根おろしやもみじおろしも合います

調味料◎黒七味やゆず七味、かんずりやラー油などの辛み調味料を加えればパンチのあるたれに

ちょい足し◎ザーサイは千切り、梅干しはたたいて、ごまペーストやとろろ芋を足してもおいしい

牛肉と長ねぎをごま油で炒めて
ちょっと甘めのうどんだしで
肉うどん

【材料】（2人分）
- 牛ロース薄切り肉 …… 200g
- 長ねぎ …… 1本
- ごま油 …… 小さじ1
- A
  - 酒 …… 大さじ2
  - 醤油 …… 大さじ2
  - 砂糖 …… 大さじ1/2
  - 和風だしのもと …… 小さじ1
  - 水 …… 600ml
- 冷凍うどん …… 2玉
- 一味唐辛子 …… 適量

【作り方】
① 長ねぎは斜めスライスにする
② 鍋にごま油を熱し、牛肉を炒め火が通ったら①の長ねぎを加えて軽く炒めて取り出す
③ ②の鍋にAを入れて沸騰したら冷凍うどんを入れて器に盛り付け、②をのせ、好みで一味唐辛子をかける

■ 忙しいときはめんつゆを使ってもOK。私は辛党なので青唐辛子を刻んだものやチューブ生姜をたっぷり入れて食べています。

舘野真知子先生からひとこと
ねぎには脂肪の燃焼を促す効果があり、一味唐辛子で免疫力と発汗がアップ、体がぽかぽか温まります。牛肉には疲労回復の効果があり、冷房疲れの夏にもおすすめのメニューです。

> 牛肉は厚めに切って存在感をアップ。
> 野菜はシャキシャキ感が残るぐらいで

おはらのチンジャオロース風

【材料】(2人分)

- 牛焼肉用 …… 200g
- A | 酒 …… 大さじ2
  | 塩、胡椒 …… 適量
- 片栗粉 …… 大さじ1
- たけのこ(水煮) …… 50g
- ピーマン(赤・緑) …… 各1個
- ごま油 …… 大さじ1/2
- 生姜(みじん切り) …… 大さじ1
- にんにく(みじん切り) …… 大さじ1
- B | 鶏がらスープのもと …… 小さじ1/2
  | オイスターソース …… 大さじ1/2
  | 醤油 …… 大さじ1/2
  | 砂糖 …… 小さじ1

> チンジャオロースってピーマンと肉の細切り炒めという意味だそう。やっぱりお肉は厚めが好きなので、わが家はこんなチンジャオロース。

【作り方】

① 牛焼肉用は縦半分に切ってAで下味をつけ、片栗粉をまぶす。ピーマンは1.5cm幅に切る。たけのこも同じ幅の短冊切りにする

② フライパンにごま油、にんにく、生姜を入れ香りが立ったら、牛肉、ピーマン、たけのこの順に炒め、Bを加えて軽く炒める

舘野真知子先生からひとこと

肉も野菜も大きめにカットして、火を通しすぎない方がヘルシー。歯ごたえがある食べ物は噛むほどに食べた実感もわき、満腹感に繋がります。

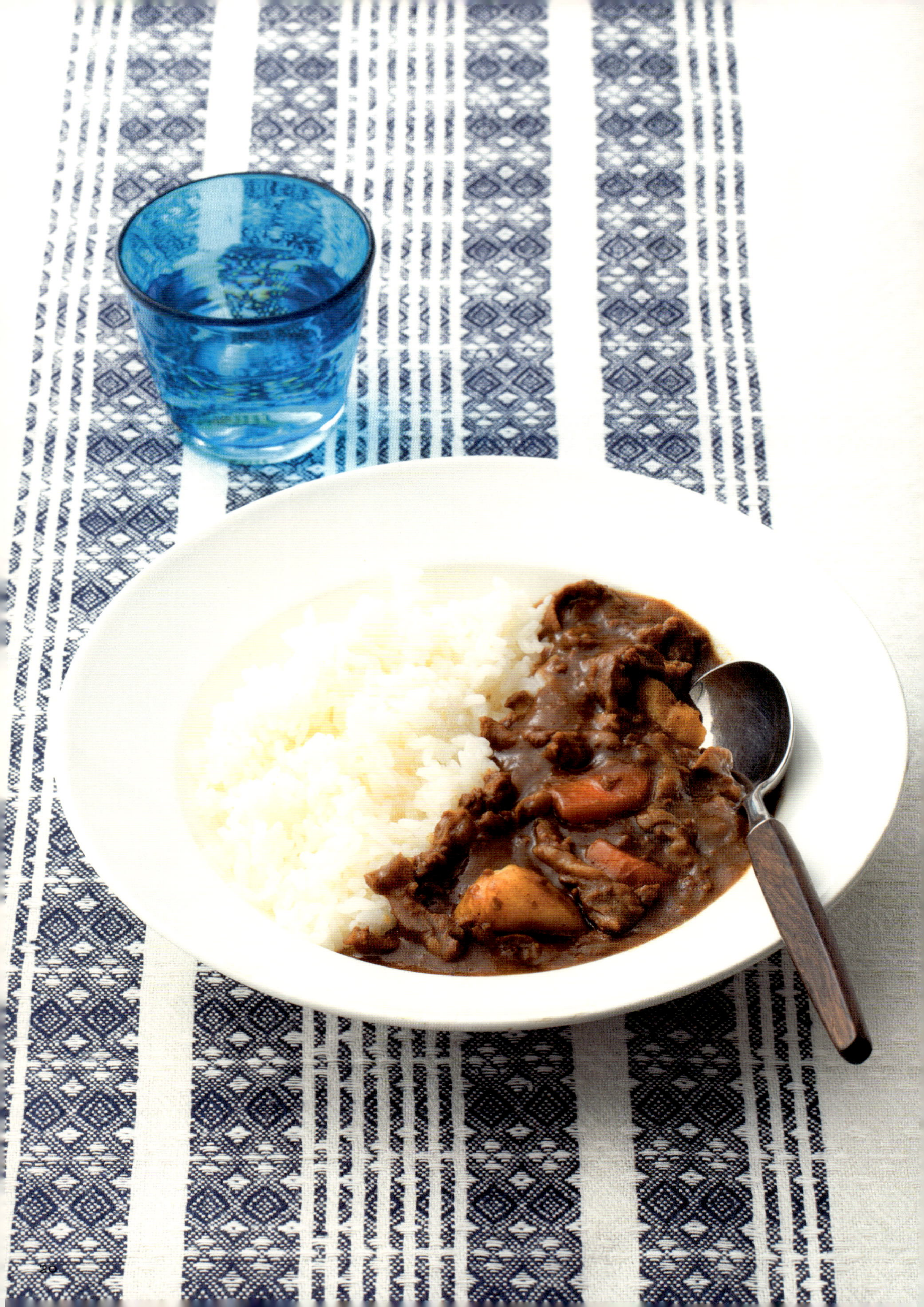

CURRY!

牛すじは煮込みすぎないのが好き。
ひき肉とWで肉のうまみを楽しんで

牛すじカレー

〚材料〛(2人分)
牛ひき肉 …… 100g
牛すじ …… 100g
玉ねぎ …… 1/4個
にんじん …… 1/4本
じゃがいも …… 1個
サラダ油 …… 大さじ1
水 …… 300ml
カレールー …… 50g〜

〚作り方〛
① 牛すじは2、3回茹でこぼす。玉ねぎはくし形に切り、にんじん、じゃがいもは一口大に切る
② 鍋にサラダ油を熱し、牛ひき肉、①の野菜を炒める
③ 水、①の牛すじを加え、沸騰したらアクを取り蓋をして、野菜がやわらかくなるまで煮込む
④ 火を止めてカレールーを入れて溶かす
⑤ 再び熱し、とろみがつくまで煮込む

■ 牛すじはコリコリ歯ごたえが残るぐらいかたい方が好きなので、煮込みすぎないようにします。ひき肉ともベストマッチ。

🌸 舘野真知子先生からひとこと
ひき肉でうまみがしっかり出ているので、牛すじはあまり煮込まなくても大丈夫。牛すじの食感を楽しむのはもちろん、噛むことで満腹中枢が刺激され満足感のあるカレーになります。

下茹でした牛すじは甘辛煮に。
お好み焼きが100倍おいしくなります

牛すじのお好み焼き

■ 牛すじを下茹でしたら、ついでに甘辛煮をつくって冷凍しておきます。わが家のお好み焼きの必需品。ねぎ焼きにしてもおいしい!

まずは下茹でした牛すじで「牛すじとこんにゃくの甘辛煮」をつくります

〚材料〛(2人分)
牛すじ …… 100g
こんにゃく …… 100g
A ┃ みりん …… 大さじ1
　 ┃ 酒 …… 大さじ1
　 ┃ 醤油 …… 大さじ1
　 ┃ 砂糖 …… 大さじ1

〚作り方〛
① 牛すじとこんにゃくを1cm角に切る
② 鍋に①とAを入れ、弱火で煮汁がなくなるまで煮る

お好み焼きの生地に「牛すじとこんにゃくの甘辛煮」を混ぜで焼く

LIVE COOKING!

小原正子のライブ料理
30分で3品

今日はこれをつくろうと決めたら、まず頭の中で料理の手順を考えます。冷たい方がおいしいものは最初につくって冷蔵庫に入れて、火を通したらすぐに食べたいものは最後に。段取りを決めておけば、いちばんおいしい状態で食べてもらえるから。

牛肉と野菜のレンジ蒸し

【材料】(2人分)
牛もも薄切り …… 200g
パプリカ(赤・黄) …… 各1/4個
芽キャベツ …… 4個
しめじ …… 1/2パック
もやし …… 1袋
塩 …… ひとつまみ
胡椒 …… 適量
酒 …… 大さじ1/2
〔たれ〕
黒酢 …… 大さじ3
粒マスタード …… 大さじ3
醤油 …… 大さじ1

【作り方】(2人分)
① パプリカは縦スライス、芽キャベツは4等分、しめじは石づきを取ってほぐし、もやしはヒゲがあれば取る
② 耐熱皿に①をのせ牛肉を広げて置き、塩、胡椒、酒を全体にかけ、ラップをしてレンジで約5分加熱する。一度取り出し、蒸し足りないようなら30秒ずつ追加する
③ たれの材料を合わせる

たこのコチュジャン和え

【材料】
茹でたこ …… 300g
A｜コチュジャン …… 大さじ1/2
　｜にんにく(すりおろし) …… 小さじ1/2
　｜酢 …… 大さじ1
　｜砂糖 …… 小さじ1
　｜ごま油 …… 大さじ1/2
　｜白ごま …… 大さじ1

【作り方】
① たこは一口大に切る
② ビニール袋にAと①を入れ、手でもむ

豆腐チゲ風スープ

【材料】(2人分)
水 …… 400ml
するめ …… 2枚(5cm長さ)
煮干し …… 3本
納豆 …… 1パック(添付のたれ)
木綿豆腐 …… 1/4丁
ニラ …… 1/4束
豆もやし …… 1/4袋
長ねぎ …… 1/4本
A｜酒 …… 大さじ1
　｜味噌 …… 大さじ1
　｜コチュジャン …… 大さじ1/4
ごま油 …… 適量

【作り方】
① 木綿豆腐は1cm角、ニラは3cm幅、豆もやしはヒゲを取り、長ねぎは斜めスライスにする
② 鍋に水とするめを入れ火にかけ、沸騰したら煮干しを入れる
③ ①を入れて、納豆と添付のたれを入れさらに煮込む
④ 野菜がやわらかくなったらAを加え、仕上げにごま油を回しかける

■ 野菜の上にお肉を広げてレンジでチン。あっという間に出来上がり。たれは市販のポン酢でも充分おいしいです。豆腐チゲ風スープは、トップ10に入る自信のレシピ。時間のないときは煮干しのかわりに粉末いりこだしを使っています。ポイントはするめと納豆をくたくたに煮込むこと。これで本格的なチゲ風になります。たこのコチュジャン和えのにんにくはチューブでもOK。

舘野真知子先生からひとこと
油を使わず野菜の水分で牛肉を蒸すから、カロリーも低くヘルシーです。蒸し料理は牛肉がかたくなりにくく、素材本来のうまみや栄養素が逃げません。生よりたくさんの野菜が摂れるのもいいですね。

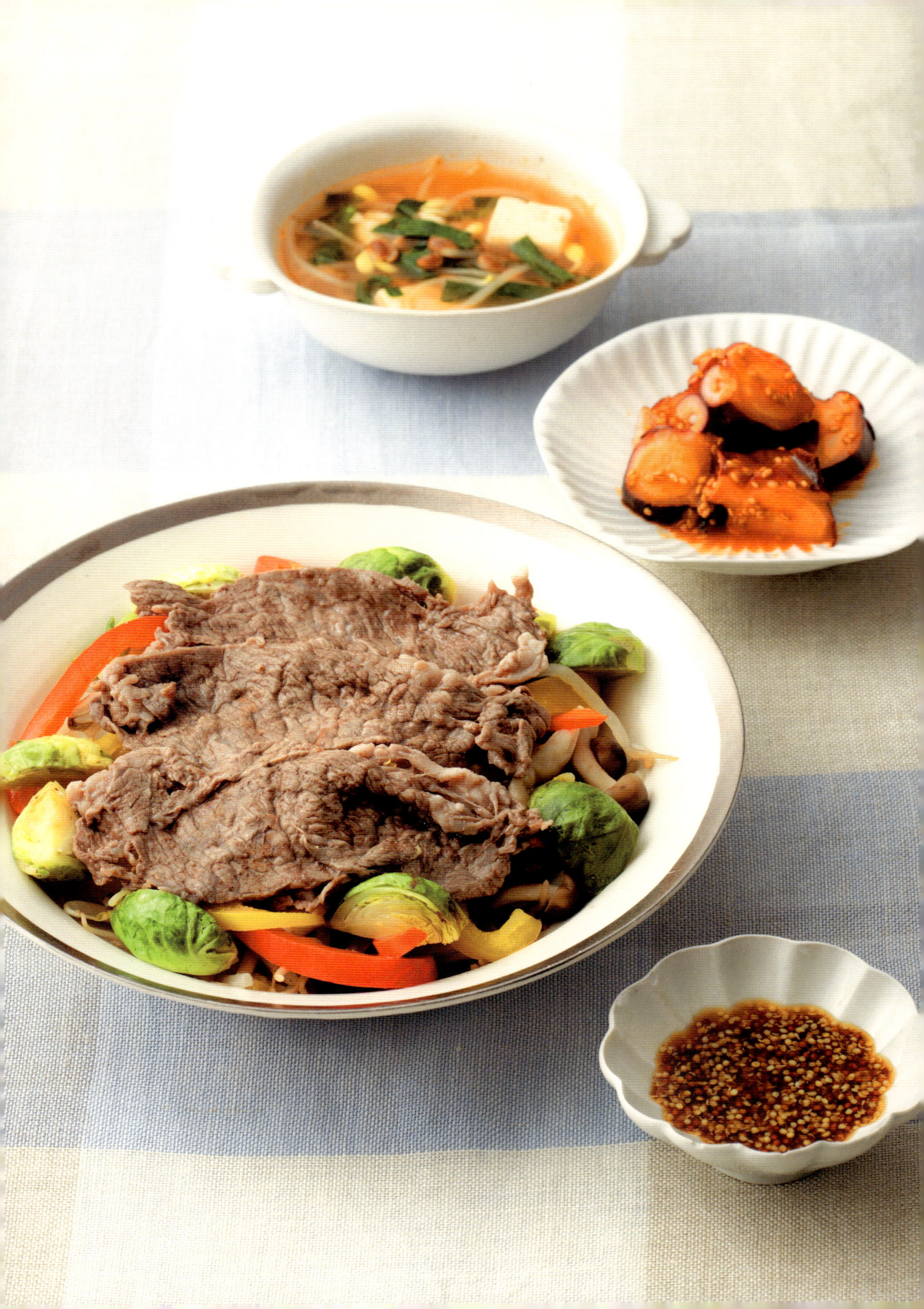

小原正子のライブ料理
30分で3品

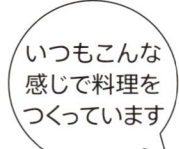

いつもこんな感じで料理をつくっています

COOKING START

するめはだしが出やすいようにハサミで切りながら入れる

食材は最初にまとめて洗って、切ってしまう

塩、胡椒をふり、酒を回しかける。

蒸気でラップが破れないよう、ふんわり、大きくかける

鍋に木綿豆腐、ニラ、豆もやし、長ねぎを入れ、納豆と添付のたれも加える。納豆はくたくたになるまで煮込むのがポイント

TIME TABLE

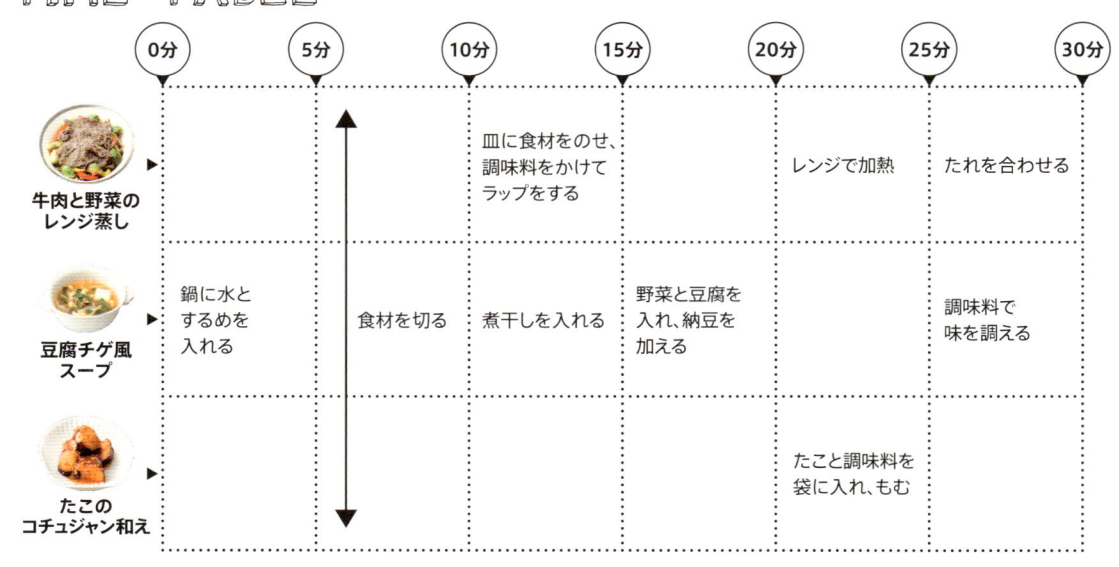

	0分	5分	10分	15分	20分	25分	30分
牛肉と野菜のレンジ蒸し			皿に食材をのせ、調味料をかけてラップをする		レンジで加熱	たれを合わせる	
豆腐チゲ風スープ	鍋に水とするめを入れる	食材を切る	煮干しを入れる	野菜と豆腐を入れ、納豆を加える		調味料で味を調える	
たこのコチュジャン和え					たこと調味料を袋に入れ、もむ		

レンジ蒸しの野菜は火通りが均一になるよう、大きさをそろえる

食材を切っている間も鍋をチェック。沸騰したら煮干しを入れる

レンジ蒸しの食材を、もやし、しめじ、芽キャベツ、パプリカの順にのせていく。牛肉は重ならないよう広げて置く

レンジで約5分加熱。途中で様子を見て、蒸し足りないようなら30秒ずつ追加する

ビニール袋にたこと調味料を入れ、口を閉じて手でもみ、味をなじませる

スープの野菜に火が通ったら調味料で味を調える

GOAL!
30分で出来上がり!

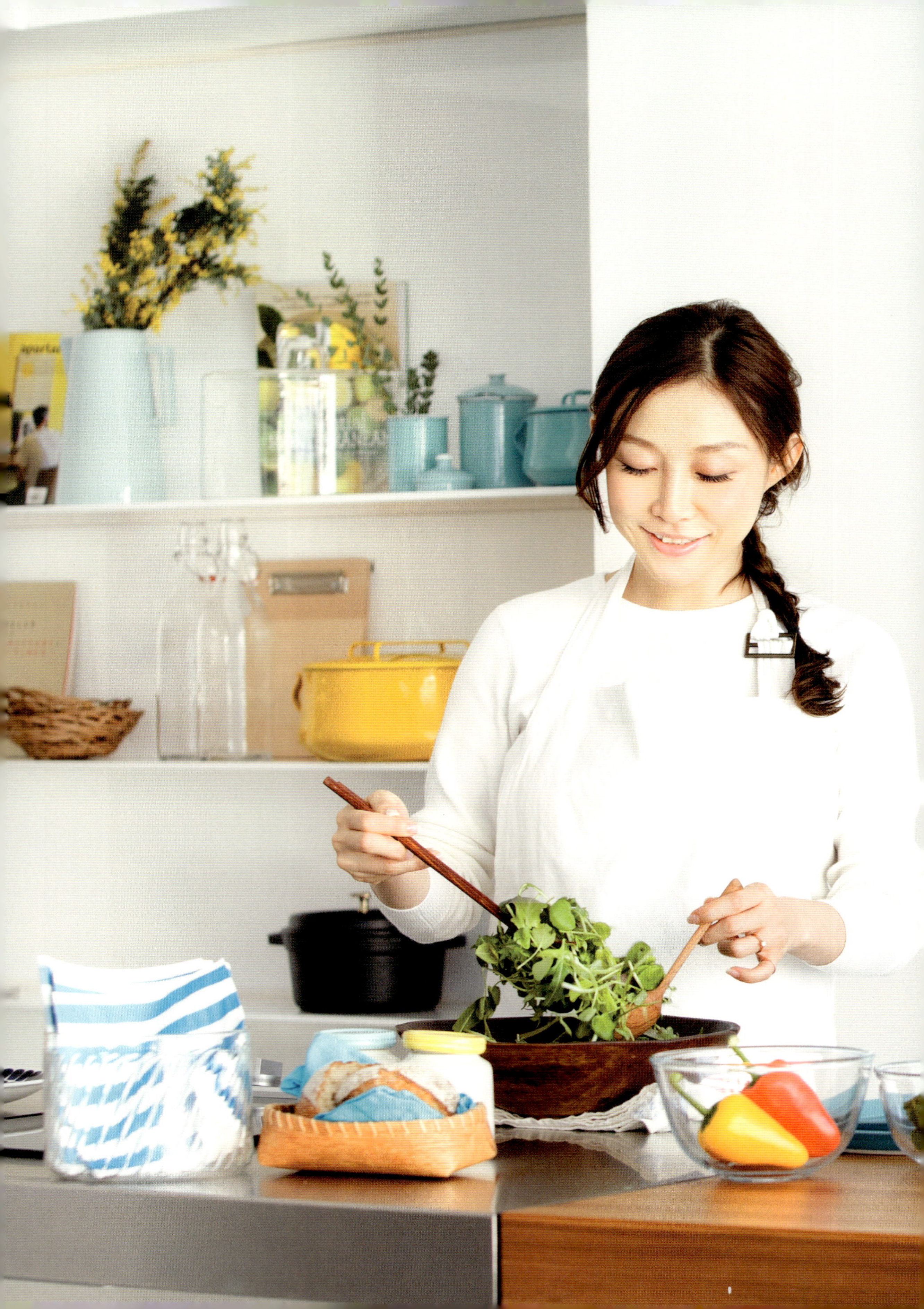

2. うちで人気のメニュー

**だんなさんが大好きなベスト7。
何度もつくって極めた、自慢のメニューです**

だんなさんの好きなものは、めっちゃわかりやすいんです。食べているときに、うまい、うまいって何度も言う。
自慢じゃないけど、私のつくるものはたいていおいしいと言ってもらえる。それでもイマイチの反応のときもあります。がんばって手が込んだものをつくったのに、お箸が進んでない。気をつかって平らげようという人じゃないから、すぐにわかるんですよね。
ここで紹介した7品は、またあれつくって、食べたいと、週1、2度リクエストがあるだんなさんのお気に入りばかり。そのときどきで材料や調味料を変えたりして、どうやったらもっとおいしくなるのかなと試行錯誤を繰り返してきた定番メニューです。
今日はブイヤベースをつくるぞという日は、サフランだけはケチりません。ここはお金がかかってもええぞ、とふんぱつする。たいした材料を使っていなくても、1つ高級な調味料があれば本格的な味になるんです。

SUZUKI'S BEST

ひだなしでらくちん！
水餃子と焼餃子、1度で2度おいしい
小原家のホットプレート餃子

【材料】（50個分）
鶏ひき肉 …… 170g
白菜 …… 1/8個
塩 …… 小さじ1/2
ニラ …… 1/2束
春雨 …… 25g
A にんにく（みじん切り）…… 1/2個分
　 生姜汁 …… 大さじ1/2
　 醤油 …… 小さじ1/2
　 ごま油 …… 小さじ1/2
　 塩 …… ひとつまみ
　 胡椒 …… 適量
餃子の皮 …… 50枚
〔焼き用〕
サラダ油 …… 適量
ごま油 …… 適量
〔一味ポン酢〕
ポン酢 …… 適量
一味 …… 適量

【作り方】
① 白菜はみじん切りにして、塩をまぶす。しんなりしたら水気をしっかり絞る。ニラはみじん切りにする。春雨はかために茹でてみじん切りにする
② ボウルに鶏ひき肉、①、Aを入れてよく混ぜる。ラップをして20〜30分、冷蔵庫でねかせる
③ 餃子の皮に50等分した②をのせ、縁に水をつけ、半分に閉じる
④ ホットプレートにサラダ油を熱し、餃子と、餃子がひたひたになるぐらいまで水（分量外）を入れて蒸し焼きにする
→蒸し餃子のもちもち状態を一味ポン酢でいただく
⑤ ④の餃子を半量残し、水分がほとんどなくなるまで焼いたら、ごま油を回しかけ、焼き面がカリッとするまで焼く
→焼餃子にして一味ポン酢でいただく

GYOZA!

■ このたねにえび、大葉、パクチーを加えたエスニックなえび餃子もおいしいですよ。

MAC：週に2回は食べたい大好物。たねが小ぶりで、さっぱりしてるから1人50個ぐらいはイケますよ。たっぷりの水で蒸し焼きにしていて、中がふわふわなんです。

あまった餃子のたねは
丸めて鶏団子にして冷凍

鶏団子スープ

【材料】（2人分）
冷凍にした鶏団子 …… 4個
水 …… 400ml
まいたけ …… 1/2パック
長ねぎ …… 1/2本
醤油 …… 小さじ1/2
塩 …… 小さじ1/4
胡椒 …… 適量

【作り方】
① まいたけは石づきを取って小房に分け、長ねぎは斜めスライスにする
② 鍋に水を入れ沸騰したら凍ったままの鶏団子、①、醤油、塩、胡椒を入れて鶏団子に火が通るまで煮る

■ 凍ったままの鶏団子をぽん。鶏からよいだしが出るし、にんにくや生姜が入っているのでほとんど味つけなしでおいしいスープができます。

あまった餃子のたねは、直径2〜3cmのボールに丸め、片栗粉をまぶして冷凍しておきます

かぶりつくと骨から肉がほろほろ。
ビールで鶏肉が驚くほどやわらか

鶏肉のビール煮込み

【材料】(2人分)

鶏手羽元 …… 8本
塩 …… 小さじ1/4
胡椒 …… 適量
薄力粉 …… 大さじ1
にんにく(みじん切り) …… 大さじ1/2
玉ねぎ …… 1/2個
しいたけ …… 6個
バター …… 10g
オリーブオイル …… 大さじ1
A | ビール …… 350ml
　 | 水 …… 200ml
　 | コンソメ …… 1/2個
　 | ローリエ …… 1枚

【作り方】

① 鶏手羽元に塩、胡椒をし薄力粉をまぶす。玉ねぎはくし切り、しいたけは4等分にする
② フライパンにオリーブオイルを熱し、にんにくと鶏手羽元を入れ表面をこんがり焼く。一度取り出して余分な油をふき取る
③ フライパンにバターを入れ、玉ねぎ、しいたけを炒める
④ ②を戻し、Aを加えて蓋をし鶏手羽元がやわらかくなるまで弱火で煮込む
⑤ 塩、胡椒(分量外)で味を調える

じっくり煮込むお料理は骨付き肉の方がおいしく仕上がります。圧力鍋を使わなくても、ビールの効果で鶏肉がやわらか。

MAC：肉に味が染み込んでいて、ほろほろと崩れる感じが絶品。骨までやわらかいからパリパリ食べちゃいます。

木綿豆腐にうまみがギュッ！
手早く仕上げる、手間なしマーボー

マーボー豆腐

MAC：マーボー豆腐が食べたいと言うとぱっと出て、最初はびっくりしました。すぐできるのに辛さとコクがあってうまい。

【材料】(2人分)

- 木綿豆腐 …… 1丁
- 豚ひき肉 …… 150g
- 万能ねぎ …… 4本
- にんにく(みじん切り) …… 小さじ1
- 生姜(みじん切り) …… 小さじ1
- 豆板醤 …… 小さじ1/2
- 甜麺醤 …… 大さじ1
- ごま油 …… 大さじ1/2
- 片栗粉 …… 小さじ1 (水小さじ2で溶く)
- ラー油 …… 適量
- A
  - 醤油 …… 大さじ1/2
  - オイスターソース …… 大さじ1/2
  - 鶏がらスープのもと …… 小さじ1
  - 水 …… 300ml

【作り方】

① 木綿豆腐はキッチンペーパーで包みレンジに約1分かけ、しっかり水気を切る。冷めたら1.5cm角に切る。万能ねぎは3cm長さに切る

② フライパンに、ごま油、にんにく、生姜を炒め香りが立ったら豚ひき肉をポロポロになるまで炒め、豆板醤、甜麺醤を加えて軽く炒める

③ 木綿豆腐、Aを加えて沸騰するまで煮込み、万能ねぎを入れ水溶き片栗粉でとろみをつける

④ 仕上げにラー油を回しかける

木綿豆腐をレンジで水切りしてかた〜くするのがポイント。このレシピに花椒や山椒の実を粗く刻んでプラスすれば、一気に四川風の本格的な味になります。

仕上げにすりおろした山芋をかけて
とろとろクリーミーな食感

豚肉と白菜のミルフィーユ 山芋かけ

【材料】(2人分)
白菜 …… 1/4個
豚バラ肉 …… 200g
山芋 …… 10cm
昆布 …… 1枚(5cm幅)
水 …… 400ml
A│醤油 …… 大さじ1
 │みりん …… 大さじ1
 │酒 …… 大さじ1
粗びき黒胡椒 …… 適量
ポン酢 …… 適量

【作り方】
① 白菜は1枚ずつはがし、白菜と豚肉を交互に重ねる。5cm幅に切り、鍋の縁に沿って敷き詰める。これを繰り返す。山芋はすりおろす
② 鍋に昆布、水、Aを入れ、蓋をして加熱する
③ 豚バラ肉に火が通ったら①の山芋、胡椒をかけて、ポン酢を添える

テレビで白菜農家のおばちゃんが紹介しているのを見てつくってみました。あっさり、ほっこり、温まります。とろろは余熱で火が通る程度でも、しっかり火を入れてもおいしいです。

MAG：すりおろした山芋がふわふわの食感で、ポン酢であっさりといくらでも食べられます。ぼくも独身時代、鍋に白菜と豚肉を交互に敷き、桜えびを挟んだ料理をつくったことがあり、これもうまいですよ。

たこ飯

誰がつくっても失敗なし！
千切り生姜の香りがベストマッチ

【材料】(2人分)
米 …… 2合
たこ …… 200g
生姜 …… 1かけ
A│白だし …… 大さじ1
 │酒 …… 大さじ1
 │醤油 …… 小さじ1
万能ねぎ …… 2本
水 …… 適量

【作り方】
① 米は洗って浸水する
② たこは食べやすい大きさ、生姜は千切りにする
③ 炊飯器に、①、A、2合のメモリまで水を入れひと混ぜし、②をのせて炊く
④ 炊き上がったら器に盛り付け、小口切りにした万能ねぎをちらす

うちのたこはちょっと大きめに切ります。生姜の千切りをたっぷり、味つけは醤油、酒、白だしだけ。薄味くらいの方が、たこのうまみが楽しめます。材料を炊飯器に入れたらあとはおまかせ。簡単においしい、たこ飯の出来上がり。

MAC：淡路島の家に滞在中は、地元のたこを使った料理をよくつくってもらいます。シンプルに蒸して食べたり、ブイヤベースに入れたり。たこ飯が朝ごはんだと何杯でもおかわりしますね。

サフランと有頭えびさえあれば
本格的なお店の味になります

ブイヤベース

【材料】(2人分)

有頭えび …… 4尾
シーフードミックス …… 200g
にんにく …… 1/2かけ
玉ねぎ …… 1/4個
マッシュルーム …… 3個
セロリ …… 1/2本
オリーブオイル …… 大さじ1/2
白ワイン …… 70ml
塩 …… 小さじ1/4
胡椒 …… 適量
イタリアンパセリ(あれば) …… 適量

A | 水 …… 400ml
サフラン …… 小さじ1/4
トマト水煮缶(カット) …… 1/2缶
コンソメ …… 1/2個
ローリエ …… 1枚

MAC:見た目も豪華で、うまい。これはお店で食べる味!

生の有頭えびがあれば、あとの魚介類は冷凍でもOK。冷凍たこを入れたりします。

【作り方】

① にんにくはみじん切り、玉ねぎとマッシュルームは薄いスライス、セロリはすじを取り斜めスライスにする。えびは背ワタを取ってヒゲを切る。Aをボウルに合わせておく
② 鍋にオリーブオイル、にんにくを入れて中火にかけ、香りが立ったら玉ねぎ、マッシュルーム、セロリを炒める
③ シーフードミックス、①のえび、白ワイン、Aを入れ、沸騰したら蓋をして弱火で約10分煮込む
④ 塩、胡椒で味を調えパセリを添える

チーズケーキ

ミキサーで混ぜれば簡単！
男子にも大人気のふんわり濃厚味

【材料】（2人分）
クリームチーズ …… 200g
生クリーム …… 200ml
グラニュー糖 …… 30g
卵 …… 2個
レモン汁 …… 大さじ1
薄力粉 …… 大さじ2
ベーキングパウダー …… 小さじ1

【作り方】
① クリームチーズは常温に戻しておく
② 材料を全てミキサーに入れて、なめらかになるまで撹拌する
③ クッキングシートを側面と底に敷き（紙製のケーキ型なら必要なし）、②を流し入れ、170℃のオーブンで50分程度焼く（焦げるようならアルミホイルをかける）
④ 粗熱を取って冷蔵庫で冷やす

■ ミキサーでつくればめっちゃ簡単！ 少々アバウトな計量でも失敗しないのでらくちん。もっとヘルシーにしたいときは生クリームをヨーグルトにかえても。その場合はヨーグルトをちょっと多めに300mlぐらい入れています。

MAC：冷蔵庫でしっかり冷やして食べるともっとおいしくなるとわかっていながら、出来立てをぺろり。甘すぎないから、まるごと食べても胸焼けしません。これは男性にも受けるスイーツだと思いますよ。

うちで人気の酒のアテ

とりあえず、ビールとおつまみで！

豆もやしのパクチー和え
〚材料〛(2人分)
豆もやし …… 1/2袋
パクチー …… 30g
A ｜ ごま油 …… 小さじ1
　　塩 …… 小さじ1/3
　　にんにく(すりおろし) …… 小さじ1
　　生姜(すりおろし) …… 小さじ1

〚作り方〛
① 豆もやしは茹で、パクチーは1cm長さに切る
② ボウルにA、①を入れて和える

鶏とセロリのレモン炒め
〚材料〛(2人分)
鶏もも肉 …… 1枚
セロリ …… 1本
A ｜ 酒 …… 大さじ1
　　生姜(すりおろし) …… 小さじ1
　　片栗粉 …… 小さじ2
　　ごま油 …… 小さじ1
レモン汁 …… 大さじ1/2
中華だしのもと …… 小さじ1/2
塩 …… ひとつまみ
胡椒 …… 適量

〚作り方〛
① 鶏肉は一口大に切り、セロリはすじを取り斜め1cm幅に切る
② ビニール袋に鶏肉、Aを入れてよくもみ下味をつける
③ フライパンにごま油(分量外)を熱し、②を炒める
④ セロリ、中華だしのもと、レモン汁、塩、胡椒を加え、セロリの歯ごたえを残す程度に炒める

蒸しキャベツのコンビーフのっけ
〖材料〗(2人分)
キャベツ …… 3枚
パプリカ(黄) …… 1/8個
コンビーフ …… 1缶
オリーブオイル …… 小さじ1
にんにく(みじん切り) …… 小さじ1
塩、胡椒 …… 適量

〖作り方〗
① パプリカは縦スライス、キャベツは食べやすい大きさに切り耐熱皿に入れ、ふんわりとラップをしてレンジに約2分かける
② フライパンにオリーブオイル、にんにくを入れて香りが立ったらコンビーフを炒め、塩、胡椒で味を調え、①にのせる

いかとしめじの中華蒸し
〖材料〗(2人分)
いか(一夜干し) …… 1枚
しめじ …… 1/2パック
長ねぎ …… 10cm
万能ねぎ …… 2本
A｜ごま油 …… 小さじ1
　｜生姜(細切り) …… 5g
　｜水 …… 大さじ1
　｜紹興酒 …… 大さじ1
　｜オイスターソース …… 小さじ1

〖作り方〗
① いかは食べやすい大きさに切りしめじは石づきを切り落として小房に分ける
② ①を耐熱皿に入れ、ふんわりとラップをしてレンジに約2分かける
③ 長ねぎは千切り、万能ねぎは小口切りにし、②にのせる
④ 鍋にAを入れ沸騰させ、③にかける

白菜のコールスロー
〖材料〗(2人分)
白菜 …… 1/8個
にんじん …… 2cm
A｜コーン …… 大さじ2
　｜ツナ …… 小1缶
　｜ポン酢 …… 大さじ2
　｜マヨネーズ …… 大さじ1
　｜胡椒 …… 適量

〖作り方〗
① 白菜はみじん切りにして、塩(分量外)でもみ水気を切る。にんじんは千切りにする
② ボウルにAを合わせて①を加えて和える

うちで人気のスープ&味噌汁

汁物があるだけで
ほっこり、うれしい

豆腐とみょうがの味噌汁
【材料】
木綿豆腐 …… 1/4丁
みょうが …… 1個
かぼす …… 1/2個
味噌 …… 大さじ2
だし汁 …… 400ml

【作り方】
① 豆腐は1.5cm角、みょうがは縦半分、かぼすは薄い輪切りにする
② 鍋にだし汁を入れ煮立て、豆腐、みょうがを加え、ひと煮立ちしたら味噌を溶き入れる
③ 仕上げにかぼすを入れる

オニオンスープ
【材料】
玉ねぎ …… 1個
A｜コンソメ …… 1/4個
　｜水 …… 400ml
塩 …… 小さじ1/4
粗びき黒胡椒 …… 適量
粉チーズ …… 適量

【作り方】
① 玉ねぎは薄切りにする
② 鍋にAを煮立て、①を入れてやわらかくなるまで煮る
③ 塩、胡椒で味を調え、仕上げに粉チーズをふる

トマトとベーコンの味噌汁
〚材料〛
トマト …… 1個
ベーコン …… 50g
味噌 …… 大さじ1 1/2
だし汁 …… 400ml
オリーブオイル …… 小さじ1
パセリ …… 適量

〚作り方〛
① ベーコンは短冊切り、トマトはくし形に切る
② 鍋にオリーブオイルを熱してベーコンを炒め、だし汁を入れてひと煮立ちしたらトマトを加え、味噌を溶き入れる
③ 器に盛り付け、刻んだパセリをかける

わかめスープ
〚材料〛
わかめ(乾燥) …… 2g
長ねぎ …… 1/4本
A｜醤油 …… 小さじ2
　｜中華だしのもと …… 小さじ1
　｜水 …… 400ml
白ごま …… 小さじ1
塩、胡椒 …… 適量
ごま油 …… 小さじ1

〚作り方〛
① 鍋にAを入れ、ひと煮立ちしたらわかめと長ねぎを加える
② 塩、胡椒で味を調え、白ごま、ごま油を加える

きくらげと春雨スープ
〚材料〛
きくらげ(乾燥) …… 4枚
にんじん …… 30g
春雨 …… 5g
青梗菜 …… 1株
卵 …… 1個
A｜水 …… 400ml
　｜鶏がらスープのもと …… 小さじ1
　｜酒 …… 大さじ1
醤油 …… 小さじ2
塩、胡椒 …… 適量
ラー油 …… 適量

〚作り方〛
① きくらげ、春雨は水に戻して食べやすい大きさに切る。にんじんは短冊切り、青梗菜は3cm幅に切る
② 鍋にAを入れ、にんじん、きくらげを煮込む。ひと煮立ちしたら青梗菜、春雨を入れさらに煮、醤油、塩、胡椒で味を調える
③ 溶いた卵を回しいれ、仕上げにごま油をまわしかける

うちで人気の即席漬け

切って和えるだけ。
さっとできる箸休め

a.

e.

d.

a. セロリのポン酢漬け

【材料】
セロリ …… 1本　　ポン酢 …… 大さじ2
唐辛子 …… 1本

【作り方】
① セロリはすじを取り輪切りにし、葉の部分はみじん切りにする。唐辛子は種を取り輪切りにする
② ①とポン酢をビニール袋に入れ、しんなりするまで約10分おく

b. らっきょうとみょうがの混ぜ和え

【材料】
らっきょう漬け …… 1袋　　豆もやし …… 100g
みょうが …… 1個

【作り方】
① 豆もやしは茹でる。みょうがは千切りにする
② ビニール袋にらっきょう漬けを汁ごと入れ、①を加えて約10分おく

c. きゅうりのオリーブ漬け

【材料】
きゅうり …… 1本　　塩 …… 小さじ1/3
ブラックオリーブ(種抜き) …… 5個
オリーブオイル …… 小さじ1

【作り方】
① きゅうりは皮をむき斜め薄切りにし、塩もみし軽く絞る。ブラックオリーブは輪切りにする
② ビニール袋に①を入れて、オリーブオイルをかけて約10分おく

d. カリフラワーとパプリカのピクルス

【材料】
パプリカ(赤、黄) …… 各1/4個
カリフラワー …… 1/4個
A｜酢 …… 100ml　　塩 …… 小さじ1
　｜水 …… 100ml　　ローリエ …… 1枚
　｜砂糖 …… 大さじ2

【作り方】
① パプリカとカリフラワーは食べやすい大きさに切ってビニール袋に入れる
② Aを加えて1晩おく

e. 山芋の山椒醤油漬け

【材料】
山芋 …… 15cm
A｜山椒 …… 小さじ1/4
　｜醤油 …… 大さじ2
　｜みりん …… 大さじ1

【作り方】
① 鍋にAを入れて、沸騰させてアルコール分を飛ばす
② 山芋は短冊切りにする
③ ビニール袋に冷ました①、②を入れて約1時間おく

3. 365日欠かさず、豆腐、納豆、厚揚げ！

大豆製品はわが家の必需品。
万能おかずの素材として大活躍です

とにかく豆腐が大好き。私の体は豆腐でできていると思っています。お肌の調子がいいのも、健康なのも豆腐のおかげ。
歯ごたえのある食感が好きなので、木綿豆腐派です。大豆の味わいが濃いものがいいですね。沖縄の島豆腐や焼き豆腐も好きです。スーパーマーケットに行くと必ず豆腐売場を見ます。500円の豆腐を見つけたりすると、どんなおいしい豆腐やろ？と自分へのご褒美に買って帰ります。そんな高級豆腐はそのままか塩だけつけて味わいます。
私はお米をあまり食べないので、豆腐はごはんがわり。冷奴はもちろん、焼いたり炒めたり、和食にも中華にも使える万能選手ですよね。私の影響でだんなさんも豆腐料理が好きになりました。
納豆もほぼ毎日食べます。湯葉、豆乳、おから、高野豆腐、厚揚げ、薄揚げなど、大豆製品は体によくて、もう1品ほしいなというときにも重宝しています。

TOFU MANIA

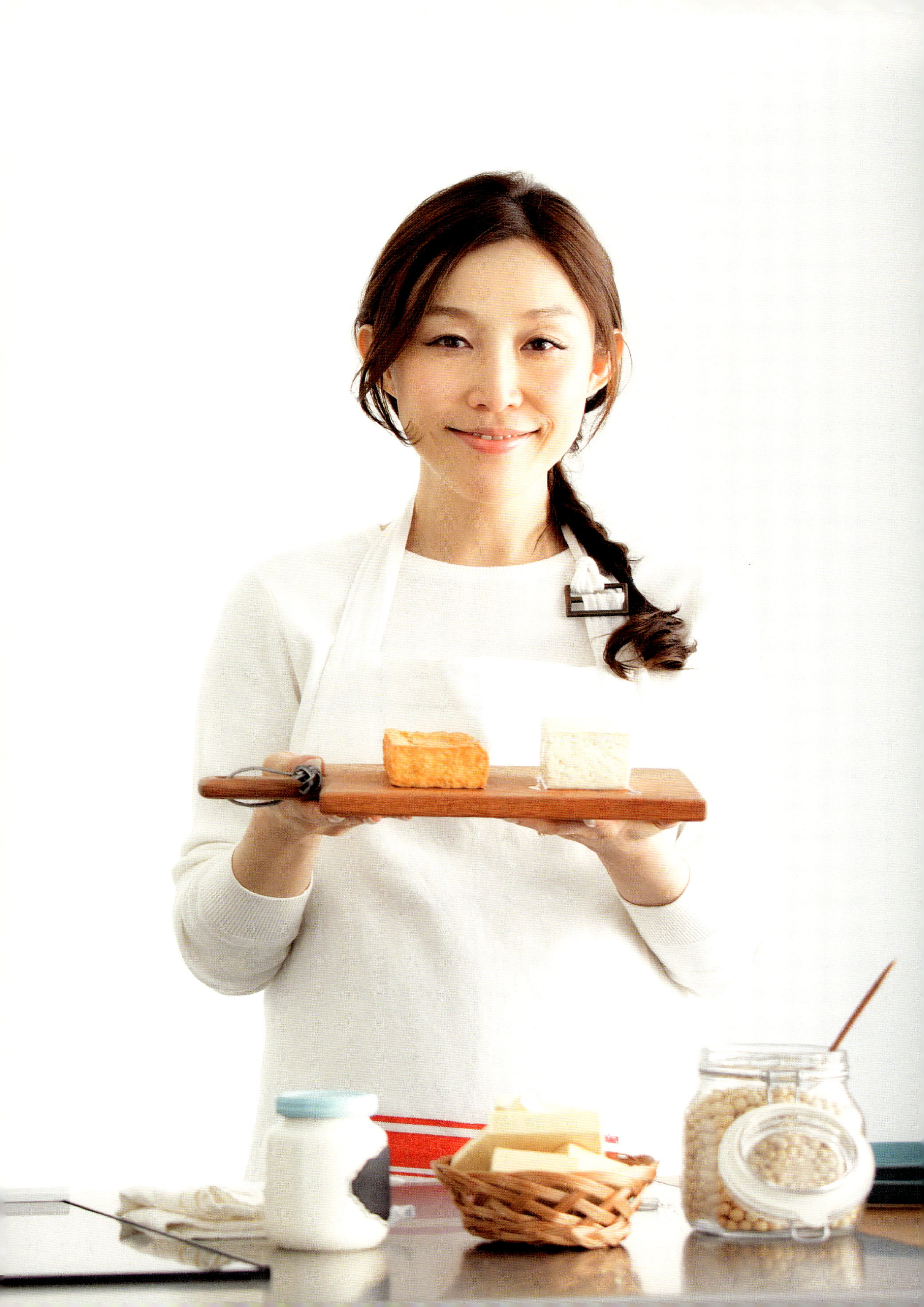

**熱々をスプーンでハフハフ。
豆腐、納豆、チーズがベストマッチ**

豆腐と納豆のグラタン

【材料】(2人分)
木綿豆腐 …… 1丁
納豆 …… 1パック(添付のたれ、からし)
オクラ …… 2本
とろけるチーズ …… 40g
粉チーズ …… 大さじ1

■ 豆腐と納豆が好きなので、試しにつくってみたらハマってしまったメニュー。

【作り方】
① 木綿豆腐は水気を切り、10等分に切る。耐熱皿に豆腐を広げ、納豆に添付のたれとからしを加えて混ぜたものをのせる
② オクラは塩(分量外)で表面をこすり水で洗い、3mm幅の小口切りにする
③ ①に②のオクラを全体にちらし、とろけるチーズをのせてふわりとラップをし、レンジに2分間かけ、ラップを外し、粉チーズをふりトースターで6分間焼く

> 豆腐の水切りは、クッキングペーパーに包んだ豆腐をバットにのせ、その上からさらにバットをのせて、豆腐と同じくらいの重さのお皿などをのせる

高野豆腐のえびトースト風
スイートチリソースを使って高野豆腐をタイ料理風に

【材料】(2人分)
高野豆腐 …… 2枚
むきえび …… 80g
玉ねぎ(みじん切り) …… 大さじ1
にんにく(おろし) …… 小さじ1/2
パクチー …… 2枝
塩 …… 小さじ1/3
胡椒 …… 適量
片栗粉 …… 大さじ1
サラダ油 …… 適量
スイートチリソース …… 大さじ2
〔トッピング〕
パクチー …… 2枝

【作り方】
① 高野豆腐は水で戻して余分な水分を絞り、半分の厚さに切る
② むきえびは背ワタを除いて水で洗い余分な水分をふき取り、包丁でたたいて細かいミンチ状にする。パクチーもみじん切りにしてえびと合わせる
③ ボウルに②と玉ねぎ、にんにく、塩、胡椒、片栗粉大さじ1/2を加えて粘りが出るまで混ぜる
④ 高野豆腐4枚の片面に片栗粉大さじ1/2をつけ、③を塗り、フライパンに多めのサラダ油を熱したところにえびの面を下にして入れて焼き色がついたらひっくり返し両面カリッと揚げ焼きにする
⑤ 器に盛り付け、パクチーとスイートチリソースを添える

■ 揚げずに多めの油で焼きます。食パンじゃなく高野豆腐だから、さらにヘルシー。パクチーとスイートチリソースで本場タイの味わい。

車麩、豆腐、豆乳でふわとろり
お肉なしでも大満足

豆乳鍋

【材料】（2人分）
絹ごし豆腐（大） …… 1丁（400g）
車麩 …… 2枚
長ねぎ …… 1/2本
水菜 …… 1/2パック
A | 豆乳（無調整） …… 400ml
　| 白だし …… 大さじ2
　| 水 …… 200ml

【作り方】
① 車麩は水で戻し、余分な水を絞り4等分に切る。絹ごし豆腐は8等分に切る。長ねぎは斜め切り、水菜は5cm幅に切る
② 鍋にAを加熱し、絹ごし豆腐、車麩を入れて沸騰させ、長ねぎ、水菜を加えてさっと火を通す

■ 豆乳と白だしに、味噌を足してもおいしいです。豆乳を弱火でじっくり温めると湯葉の膜ができるので、うちでは最初に湯葉を楽しみます。このお鍋のポイントは沸騰させすぎないこと。フツフツあったまっている状態をキープ！

パンのかわりに厚揚げでボリューム満点のおかずピザ
厚揚げのピザ

【材料】（2人分）
厚揚げ …… 1枚
パプリカ（黄） …… 1/8個
ピーマン …… 1/2個
ミニトマト …… 4個
A | 味噌 …… 大さじ1
　| オリーブオイル …… 大さじ1/2
とろけるチーズ …… 40g

【作り方】
① 厚揚げは半分に切り、厚さも半分に切る。ピーマンはへたと種を除き、横に細切りにする。パプリカも同じような大きさに切る。ミニトマトはへたを除き半分に切る
② Aを混ぜる
③ 厚揚げは切り口を上にして天板に置き、②を塗り、ピーマン、パプリカ、ミニトマトをのせ、とろけるチーズをかけてトースターで5分間焼く

■ 好きな具をのせてとろけるチーズをたっぷり、トースターで焼くだけ。食べごたえがあり、おかずにもおやつにもおすすめ。

47

こんがり焼いた木綿豆腐、
とろとろトマトをソースにして

豆腐ステーキ、焼きトマトのっけ

〖材料〗（2人分）
木綿豆腐 …… 1丁
塩 …… 小さじ1/2
トマト …… 1個
にんにく …… 1かけ
オリーブオイル …… 適量
醤油 …… 少々
イタリアンパセリ（あれば）…… 適量

〖作り方〗
① 木綿豆腐は水気を切り、半分に切り厚さも半分にして塩をまぶしておく。トマトはへたを除き4枚に輪切りにする。にんにくはみじん切りにする
② フライパンにオリーブオイルを熱し、豆腐を両面とも焼き、ほんのり焼き目がついたらにんにくを加えてオイルに香りを移し、トマトの両面を焼く
③ 器に豆腐、トマトを盛り付け、醤油をかけてイタリアンパセリを添える

■ トマトをしっかり焼いて、とろとろのトマトソースにして食べます。

食感を楽しむなら
焼き豆腐でつくってもおいしい

いろいろきのこの
豆腐チャンプルー

〖材料〗（2人分）
木綿豆腐 …… 1丁
しいたけ …… 2個
しめじ …… 1パック
玉ねぎ …… 1/2個
にんじん …… 3cm
ニラ …… 1/3束
卵 …… 2個
豚バラスライス …… 80g
ごま油 …… 適量
醤油 …… 大さじ1
塩 …… 少々
かつお節 …… 1パック(3g)

〖作り方〗
① 木綿豆腐は水気をしっかり切り、12等分にする。しいたけはかたい部分を除いて5mm幅の薄切りにする。しめじは石づきを除いてほぐす。玉ねぎは薄切りにし、にんじんは皮をむいてマッチ棒より少し太めに切る。ニラは4cm幅に切る。豚バラスライスは3cm幅に切る
② フライパンにごま油を熱し、半熟の炒り卵をつくり取り出しておく
③ 再びごま油を加え、木綿豆腐を焼きつけ取り出しておく。さらにごま油を加え、玉ねぎ、豚バラ、にんじん、しいたけ、しめじの順番に加えて炒め、しんなりしたら木綿豆腐を戻し入れ醤油、塩で味を調え、②の卵を戻し、最後にニラとかつお節を加えてさっと炒める

■ ゴーヤと豆腐のチャンプルーもよくつくりますが、これはきのこと豆腐を使って。きのこはしめじやエリンギ、まいたけなどいろんな種類が入ると味に深みが出ます。

49

豆腐＆大豆製品の小さなおかず

冷奴あれこれ
もう一品ほしいときのささっとメニュー

トマトと豆腐のカプレーゼ風
〖材料〗（2人分）
木綿豆腐 …… 1丁
トマト …… 1個
バジル …… 4枚
塩 …… 小さじ1/4
粗びき黒胡椒 …… 適量
オリーブオイル …… 小さじ2

〖作り方〗
① 木綿豆腐は半分に切る。
　 トマトはへたを除き1cm角に切る
② ①のトマトと塩、胡椒、
　 オリーブオイルを混ぜる
③ 器に木綿豆腐を盛り付け、
　 ②をのせ、バジルを添える

湯葉とオクラの冷奴
〖材料〗（2人分）
絹ごし豆腐 …… 1丁
湯葉 …… 50g
オクラ …… 2本
塩 …… 少々
薄口醤油 …… 適量

〖作り方〗
① 絹ごし豆腐は半分に切る。
　 オクラは塩で表面をこすり、
　 そのまま熱湯で10秒ほど茹で
　 冷水に取り、水気を切り
　 斜め薄切りにする
② 器に絹ごし豆腐、湯葉、
　 オクラを盛り付けて
　 薄口醤油をかける

アボカド豆腐
〖材料〗（2人分）
木綿豆腐 …… 1丁
アボカド …… 1個
醤油 …… 小さじ2
粗びき黒胡椒 …… 適量
オリーブオイル …… 大さじ1

〖作り方〗
① 木綿豆腐は半分に切る。
　 アボカドは種と皮を除き
　 5mm幅に横にスライスする
② 器に木綿豆腐を盛り付け、
　 醤油、胡椒をかけ、
　 アボカドをのせ、さらに醤油、
　 胡椒をふる。
　 上からオリーブオイルをかける

納豆とニラのチヂミ

【材料】(2人分)

- 納豆 …… 1パック
- ニラ …… 1/4束
- 桜えび …… 大さじ1
- 薄力粉 …… 大さじ4
- 片栗粉 …… 大さじ1
- 水 …… 60ml
- 醤油 …… 小さじ1
- 塩 …… ひとつまみ
- ごま油 …… 大さじ1

A
- 醤油 …… 小さじ2
- 酢 …… 小さじ1
- ラー油 …… 適量

【作り方】

① ニラは3cm幅に切る。納豆は混ぜておく
② ボウルに薄力粉、片栗粉、水、醤油、塩を入れて混ぜる
③ ②と①を混ぜ合わせ、桜えびも加えてさらに混ぜる
④ フライパンにごま油を熱し、③を平らになるように広げ、両面こんがり焼く
⑤ 焼き上がったら取り出し、食べやすいように切る。Aを合わせてたれをつくる

豆腐のレンジ茶碗蒸し

【作り方】

① 卵をしっかりと溶き、水、白だしを加えて混ぜ、ザルで濾す
② ちくわは1cm幅の輪切りにする。白菜、三つ葉は1cm幅に切る。豆腐は1.5cmの角切りにする
③ 耐熱皿に②を入れ、卵液を注ぐ。ふんわりとラップをして200Wのレンジで8分間加熱する。※固まらないようなら10秒くらいずつ追加して様子を見る

【材料】(2人分)

- 白菜 …… 1/8個
- 卵 …… 1個
- 水 …… 100ml
- 白だし …… 大さじ1
- 絹ごし豆腐 …… 1/2丁
- ちくわ …… 1本
- 三つ葉 …… 1株

蒸し鶏と湯葉の香味和え
【材料】(2人分)
〔蒸し鶏〕
鶏ささみ肉 …… 2本
水 …… 大さじ1
酒 …… 大さじ1
生姜(スライス) …… 2枚

湯葉 …… 100g
白ねぎ …… 10cm
みょうが …… 2個
大葉 …… 6枚
ポン酢 …… 大さじ1
ごま油 …… 小さじ1
白ごま …… 小さじ1

【作り方】
① 鶏ささみ肉のすじを除き、耐熱皿に入れ水、酒、生姜スライスをのせ、ふんわりとラップをかけレンジで2分加熱し、冷めるまでおく
② 白ねぎは白髪ねぎにして水にさらし水気を切る。みょうがは縦半分に切り、斜めにスライスする。大葉は千切りにし、飾り用を取り分けておく
③ ボウルにほぐしたささみ、湯葉、②を入れ、ポン酢、ごま油で和え、器に盛り付けて、大葉を飾り白ごまをふる

おからのポテトサラダ風
【材料】(2人分)
おから …… 80g
ツナ …… 小1缶
きゅうり …… 1/3本
玉ねぎ …… 1/4個
コーン …… 大さじ3
マヨネーズ …… 大さじ4
塩、胡椒 …… 適量

【作り方】
① きゅうりは輪切りにし、塩少々(分量外)をまぶして少しおき余分な水分を絞る。玉ねぎはスライスして水にさらして水気を切る
② ボウルにおから、ツナ(オイルごと)、きゅうり、玉ねぎ、コーン、マヨネーズ、塩、胡椒を入れて和える

焼き豆腐とジャコのピリ辛サラダ

【材料】(2人分)

- 焼き豆腐 …… 1丁
- ごま油 …… 適量
- 水菜 …… 1/2パック
- ジャコ …… 大さじ2
- わかめ（塩蔵）…… 15g
- ミニトマト …… 2個
- A | コチュジャン …… 小さじ1
    | 醤油 …… 小さじ2
    | 砂糖 …… 小さじ1
    | 酢 …… 小さじ2

【作り方】

① 焼き豆腐は2cm角に切り、水菜は根を落として4cm幅に切り、ミニトマトは縦に4等分に切る。わかめは水で洗い、沸騰した湯でさっと茹で水にさらし食べやすい大きさに切る

② フライパンにごま油を熱し、焼き豆腐を入れ、表面がほんのりと香ばしくなるまで焼く。さらにごま油を加えてジャコをカリッとするまで炒め、キッチンペーパーに出して油を切っておく

③ ②と水菜、ミニトマト、わかめを和え器に盛りAをかける

豆腐&大豆製品の小さなおかず　　もう一品ほしいときのささっとメニュー

納豆きんちゃく

【材料】(2人分)

- 油揚げ …… 2枚
- 納豆 …… 1パック
- 卵 …… 1個
- 長ねぎ …… 3cm
- 薄口醤油 …… 小さじ1と1/2
- 大葉（あれば）

【作り方】

① 油揚げは半分に切り袋を丁寧にはがす。長ねぎはみじん切りにする

② ボウルに納豆を入れ、卵を割り入れ、長ねぎ、薄口醤油を加えて混ぜる

③ 油揚げに②を1/4量ずつ入れ、楊枝で口を留め、きんちゃく状にする

④ フライパンを熱し、③を入れて、焼き目がつきふっくらと膨らんでくるまで蓋をして弱火で両面焼く

4. たまにはひとりでフライパン鍋

洗って切って入れるだけ。
フライパンひとつで手間なしスピードごはん

だんなさんが海外出張で留守のときは、たっぷりすぎる量のひとり鍋をつくり、そのまま食卓へ。取り皿も使わず、鍋ごと食べてしまうという豪快な晩ごはんだったりします。
フライパンで調理をすれば火通りが早く、洗い物もらくちんです。
冷凍食品や缶詰、乾物を使って下ごしらえの手間を省き、パック入りのカット野菜は、袋を開けて水道の水をじゃぶじゃぶ入れて洗って、フライパンにぽん！

トマト鍋や味噌味、韓国風といろいろ味を変えて、満腹感、満足感あるフライパン鍋を楽しんでいます。
鍋って次の展開もできるから、なんなら残った汁で、翌日は春雨を入れてみたり。
だんなさんといっしょのときは一生懸命おいしいものをつくるけれど、たまには手抜きも必要。これからも子育てをしながら働いていきたいと思っているので、時短カンタンなフライパン鍋は心強い味方です。

EASY HOT POT

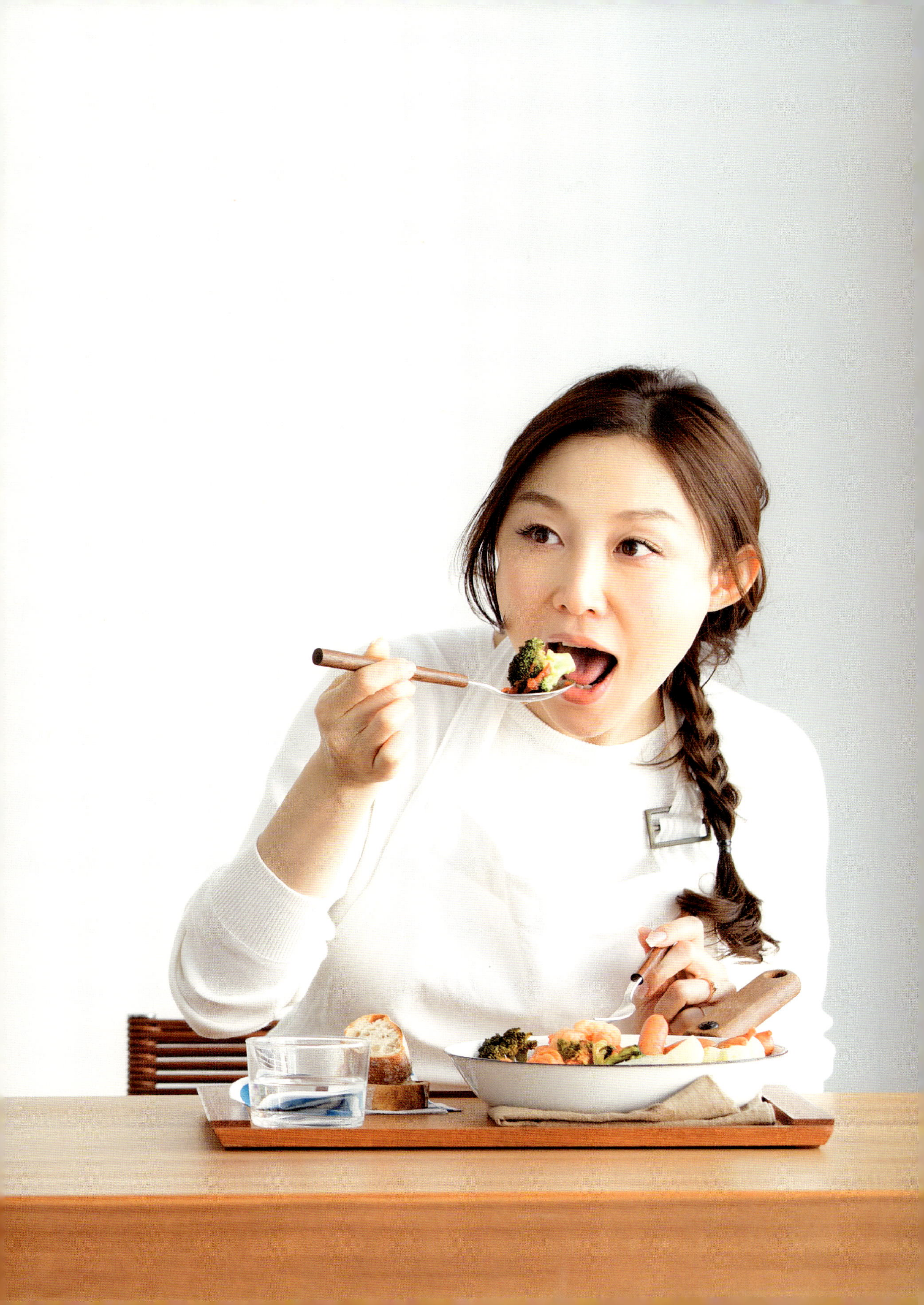

餃子でも焼売でもOK！
たっぷり野菜の水餃子スープ風

点心鍋

【材料】（1人分）
冷凍餃子（焼売）……8個
青梗菜……1株
白菜……大1枚
にんじん……3cm
水……400ml
酒……大さじ1
A｜醤油……大さじ1
　｜酢……大さじ1
　｜生姜（細切り）……3g
　｜ラー油……少々

【作り方】
① 青梗菜は3等分に切り、根元は食べやすいようにくし形で6等分にする。長ねぎは斜め細切り、白菜は4cm幅に切る。にんじんはピーラーでリボン状に削る
② フライパンに水、酒を熱し、沸騰したら①を入れ、最後に冷凍餃子を加えて熱する
③ Aを合わせてたれをつくる

冷凍の餃子か焼売があれば、あとは冷蔵庫にある青菜を入れて。春雨や中華めんをプラスすればボリュームアップ。たれはお好みでポン酢にかえてもおいしいです。

これさえあれば！

冷凍餃子

フライパンで蒸すから簡単＆時短。
さっぱりポン酢でヘルシーに

蒸し鍋

【材料】（1人分）
もやし …… 1袋
えのき …… 1/2袋
きくらげ（乾燥）…… 3枚
豚バラスライス …… 100g
酒 …… 大さじ1
水 …… 大さじ1
塩 …… ひとつまみ
胡椒 …… 適量
ポン酢 …… 適量

【作り方】
① もやしは洗って水気を切る。えのきは石づきを除いてほぐす。きくらげは水で戻して細く切る
② フライパンにもやし、えのき、きくらげを重ねてのせ、豚肉を表面に並べてのせる。塩、胡椒、酒、水を全体にかける
③ フライパンに蓋をして沸騰したら中火で約5分蒸す
④ ポン酢を添える

これさえあれば！

乾燥きくらげ　　もやし

もやしと豚バラに、きくらげのコリコリした食感がベストマッチ。きくらげやひじき、切り干し大根など、乾物は常備しています。冷蔵庫になにもなくても缶詰や乾物があれば安心。

バターも小麦粉も少なめ。
生クリームなしのあっさり仕立て

かきのチャウダー鍋

【材料】（1人分）
生がき（正味180g）……1パック
冷凍ミックスベジタブル……50g
玉ねぎ……1/4個
ベーコン……1枚
にんにく……1/2かけ
バター……10g
薄力粉……大さじ1
ローリエ……1枚
水……200ml
牛乳……200ml
塩……小さじ1/3
胡椒……適量
刻みパセリ……少々

【作り方】
① 生がきは塩小さじ1（分量外）をもみ込み水で2〜3度すすぐように洗い、水気を切る
② 玉ねぎは縦スライスし、ベーコンは1cm角に、にんにくはみじん切りにする
③ フライパンを熱しバターとにんにくを入れ、香りが立ったら玉ねぎを半透明になるまで炒め、さらにベーコンも加えて炒める
④ ③に薄力粉を加えて炒め、水を入れとろみを伸ばすように煮る。生がき、冷凍ミックスベジタブル、ローリエを加え、ひと煮たちしたら牛乳を加え沸騰するまで温め、最後に塩と胡椒で味を調え、パセリをちらす

■ 冷凍がきの場合はお酒で蒸し煮にして最後に入れます。

これさえあれば！

生がき

冷凍ミックスベジタブル

チーズフォンデュ鍋

チーズに入れた白ワインが隠し味。
具は冷蔵庫にあるものをご自由に

【材料】(1人分)
- とろけるチーズ ……150g
- 片栗粉 ……小さじ1
- 白ワイン ……75ml
- チリパウダー ……少々
- 〔具〕※お好みのもの
- ブロッコリー ……1/10個
- カリフラワー ……1/10個
- にんじん ……4cm
- じゃがいも ……1/3個
- 塩 ……少々
- ミニトマト ……3個
- バゲット ……10cm

【作り方】
① ブロッコリーとカリフラワーは沸騰した湯に塩を入れ15秒ほど茹でる。にんじんは皮をむいて一口大に切り、じゃがいもは皮つきのまま一口大に切り、水にさらして水気を切り、両方とも水から7〜8分茹でる。ミニトマトはへたを取り、バゲットは食べやすい大きさに切る
② とろけるチーズに片栗粉をまぶしておく
③ フライパンに白ワインを熱し沸騰したら②を入れて溶かし、チリパウダーをふりかける
④ 器に①を盛り付け、温かいうちに③をつけていただく

■ 野菜類はレンジで加熱してもOK。チーズに片栗粉をまぶしておくと、分離したり固まったりが防げます。

これさえあれば！

とろけるチーズ

トマトの水煮缶ですぐできるポトフ。
炒め煮できるのもフライパンの魅力

トマトポトフ鍋

【材料】(1人分)
ウインナー …… 3本
冷凍野菜ミックス …… 適量
(ブロッコリーやカリフラワーなど)
玉ねぎ …… 1/4個
キャベツ …… 1枚
にんにく …… 1かけ
オリーブオイル …… 小さじ1
水 …… 200ml
ローリエ …… 1枚
トマト水煮缶(カット) …… 150g
コンソメ …… 1/2個
塩 …… 小さじ1/4
胡椒 …… 適量

【作り方】
① ウインナーは片面に格子状に切り込みを入れる。玉ねぎはくし形に切る。キャベツはざく切りにし、にんにくはつぶす
② フライパンにオリーブオイルとにんにくを弱火で熱し、香りが立ったらウインナー、玉ねぎ、キャベツを炒め、水、コンソメ、ローリエ、カットトマトを加える。野菜に火が通ったら冷凍野菜ミックスを加えて熱し、塩、胡椒で味を調える

これさえあれば!

トマト缶　　冷凍野菜ミックス

トマトに含まれるリコピン。とにかく体にいいと聞きます。生で食べるよりトマト缶の方がリコピンを効率よく摂取できるそう。うちにはホール缶詰とカット缶詰を常備しています。お好みでウインナーじゃなく、冷凍のシーフードミックスをあわせても。

鮭缶は缶汁ごと使って。
仕上げのバターでコクのある味に

ちゃんちゃん鍋

【材料】（1人分）
鮭水煮缶 …… 1缶
カット野菜 …… 1パック
（キャベツやにんじん、玉ねぎなど）
サラダ油 …… 小さじ1
水 …… 300ml
A｜味噌 …… 大さじ1と1/2
　｜みりん …… 大さじ1
　｜おろし生姜 …… 小さじ1
粗びき黒胡椒 …… 適量
バター …… 5g

【作り方】
① カット野菜は水でざっと洗い水気を切る
② フライパンにサラダ油を熱し、①を炒め、水と鮭缶をほぐして汁ごと加える
③ Aを合わせ②に加え、約5分間煮る
④ 仕上げにバターと粗びき黒胡椒を加える

これさえあれば！

鮭水煮缶　　カット野菜

■ ごはんやパンにのせてマヨネーズをかけるだけでもおいしい鮭缶。缶汁ごと使えばおいしいスープになります。味噌＆バターで北海道感もばっちり。カット野菜のかわりに、白菜やきのこ類を使う場合は具材を炒めず、石狩鍋風に煮るだけでもOK。

おでんにカレーを入れるだけ。
絶対おいしい、テッパン鍋
カレーおでん鍋

【材料】(1人分)
おでんパック(450g) …… 1パック
水 …… 200ml
カレールー …… 2かけ
万能ねぎ(小口切り) …… 大さじ2

【作り方】
① おでんパックの具の大きいものは食べやすい大きさに切る
② フライパンにおでんパックの具、汁、水を加熱する。一度火を止め、カレールーを加えて溶かし、おでんが温まるまで煮る
③ 煮えたら万能ねぎをちらす

これさえあれば！

おでんパック

カレールー

おでんパックにカレールーを入れるだけだから、らくちんのうえでおいしい〜。キャベツ、玉ねぎ、プチトマトなど冷蔵庫のあまり野菜、豆腐、厚揚げを水と昆布と白だしで煮て、カレールーを入れるだけでもおいしくできます。

ほくほく里芋と油揚げ。
体にやさしい和風の味つけで

芋煮鍋

【材料】(1人分)
冷凍里芋 …… 100g
にんじん …… 3cm
大根 …… 2cm
長ねぎ …… 1/4本
油揚げ …… 1/2枚
牛小間肉 …… 50g
ごま油 …… 小さじ1
水 …… 300ml
和風だしのもと …… 小さじ1/2
醤油 …… 大さじ1
みりん …… 大さじ1/2
七味唐辛子 …… 適量

【作り方】
① 里芋は半解凍したら半分に切る。にんじんと大根は皮をむいていちょう切り、長ねぎは斜めスライスにし、油揚げは幅を半分にし1cm幅に切る。牛小間肉は食べやすい大きさに切る
② フライパンにごま油を熱し、牛小間肉、にんじん、大根を炒め、しんなりしてきたら水を加え、冷凍里芋、油揚げを入れ里芋がやわらかくなるまで煮る。里芋に火が入ったら和風だしのもと、醤油、みりんで味を調え、長ねぎを加え、七味唐辛子をふる

これさえあれば!

冷凍里芋

里芋、女子はみんな好きですよね。洗って皮をむいて下茹でしてぬめりを取るとか面倒くさい。そんなときは冷凍野菜でいいと思います。

■ あっという間にできて
鯖缶パワーで本格的な味わい

豆腐チゲ鍋

〖材料〗（1人分）
鯖缶 …… 1缶
キムチ …… 100g
醤油 …… 小さじ1
木綿豆腐 …… 1/2丁
水 …… 200ml
長ねぎ …… 1/2本

〖作り方〗
① 長ねぎは斜めにスライスする
② フライパンに水、キムチ、鯖缶、スプーンですくった木綿豆腐を熱し、沸騰したら醤油を入れ、最後に長ねぎを加えてさっと火を通す

これさえあれば！

鯖缶 　　キムチ

■ 辛いのが大好きだから輪切りの唐辛子、コチュジャンも加えます。野菜とか卵とかお好みで自由に。鯖缶と豆腐、長ねぎをいっぱい入れて、ボリュームたっぷりで〆のうどんもごはんも必要なし。

鶏のおだしが効いた韓国風水炊き。
ピリ辛のたれでお箸が進む

タッカンマリ風鍋

【材料】(1人分)

- 鶏もも肉(骨付き) …… 150g
- じゃがいも …… 1個
- 長ねぎ …… 1/2本
- ニラ …… 1/3束
- にんにく …… 1かけ
- 酒 …… 大さじ1
- 水 …… 400ml
- 塩 …… 小さじ1/4
- うどん …… 1玉
- A
  - 醤油 …… 大さじ1
  - 酢 …… 大さじ1
  - コチュジャン …… 小さじ1/4
  - 白すりごま …… 小さじ1/2

【作り方】

① じゃがいもは皮をむき、一口大に切り、水にさらして水気を切る。長ねぎは4cm幅の筒切りにする。ニラは5cm幅に切る。にんにくはスライスする

② フライパンに水、酒、塩、にんにく、鶏肉、じゃがいも、長ねぎを入れ蓋をして加熱する。じゃがいもがやわらかくなったらうどん、最後にニラを加える

③ Aを混ぜ、たれをつくる

これさえあれば！

鶏肉　うどん

骨付き鶏肉でコラーゲンたっぷり。よく煮込んで、じゃがいもがとろとろになったところがおいしい。辛いのが苦手な人は、たれのコチュジャンはなくても。

5. おはらの冷凍ワザ、教えます

豆腐、納豆、卵。
よく使う食材は冷蔵庫じゃなく冷凍室へ

だんなさんが神戸と淡路島、私が東京で仕事をしている関係で、3つの住居を行ったり来たり。数日から数週間ごとに移動する生活をしています。

10個入りの卵を1パック買っても食べ切る前に移動。豆腐はよく使うからとまとめて買うと1丁あまってしまったり。

そんなわけで、うちではなんでも冷凍にしています。豆腐も納豆もパックごと冷凍室に放り込んじゃう。卵も冷凍。ねぎやニラも保存袋に入れて冷凍室に。スーパーに行く時間がなくても、冷凍室を開けて「あ～あった、あった」と助けられます。

辛いものが大好きなので、相方のくわばたさんが毎年めちゃくちゃおいしい唐辛子を送ってくれるんです。これも保存袋に入れて冷凍。凍ったままのを2、3本出して、はさみでチョキチョキ切って小皿に入れて食卓に出します。一味唐辛子なんかとはまた違うおいしさで、冷凍って便利！

EVERYDAY FREEZING

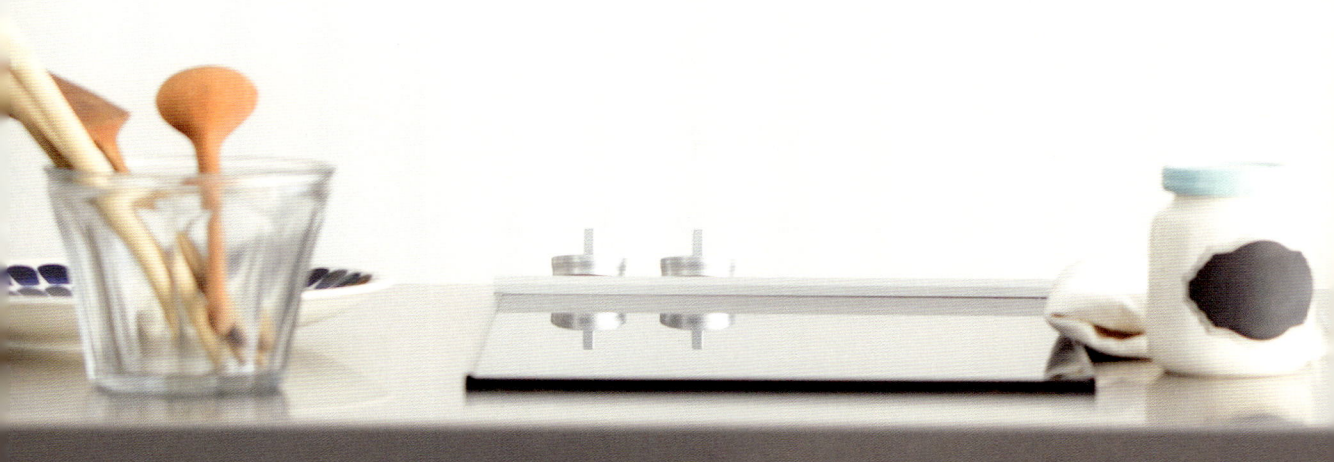

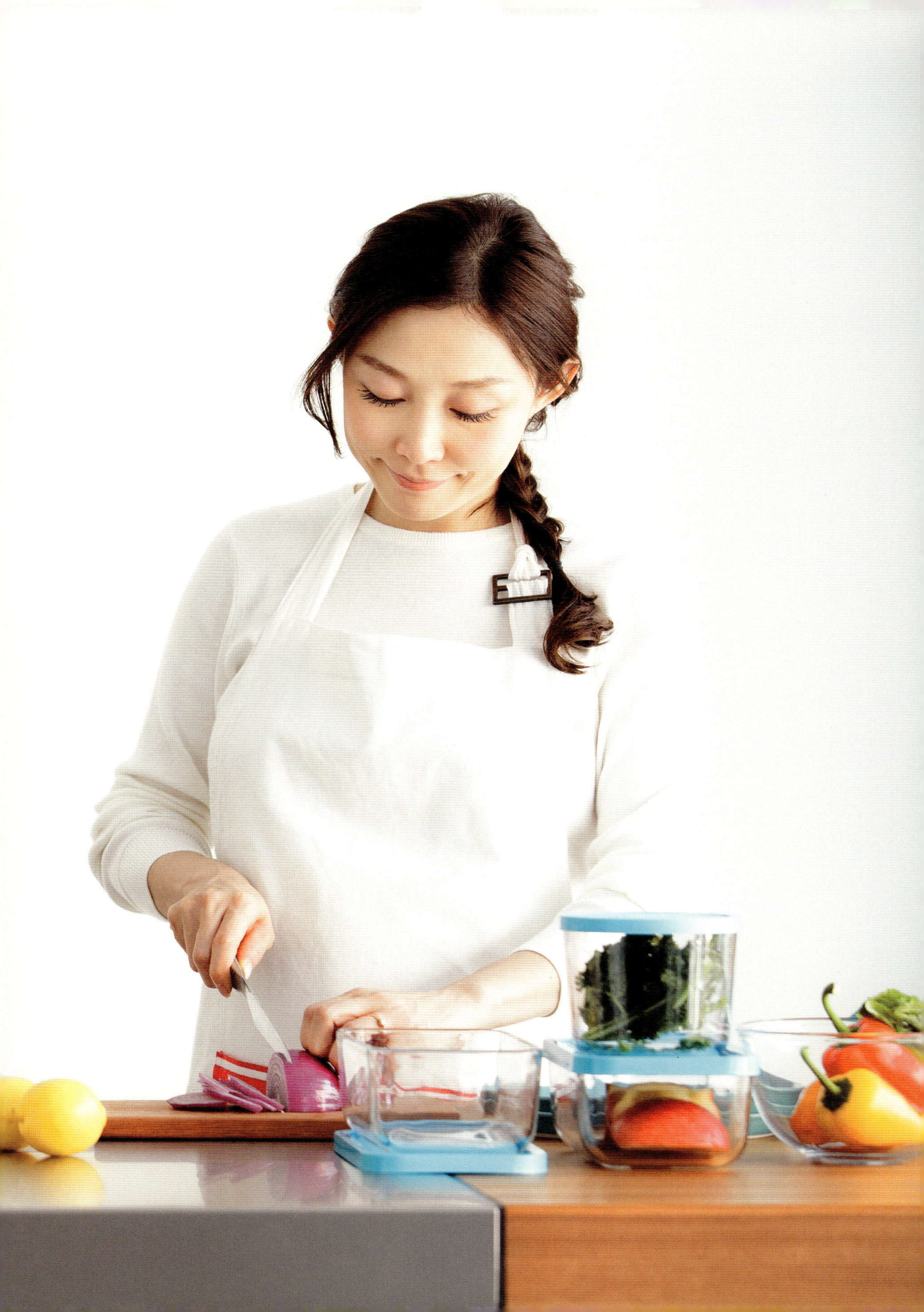

簡単でおいしい！
冷凍フルーツのデザート

生のくだものを凍らせるだけ。
ぐっと甘味が増して、ジューシーさはそのまま。
ヘルシーでおしゃれなデザートが出来上がり。

**凍らせるだけで絶品スイーツ。
甘くてやさしい食感に**

りんごのコンポート

『材料』（2人分）
りんご …… 1個
はちみつ …… 適量
シナモン …… 適量

『作り方』
① りんごを食べやすい大きさに切り、保存袋に入れて冷凍する
② 凍った①に、好みではちみつ、シナモンをかけてもおいしい

ぶどう、いちじく、桃。
季節のフルーツで楽しんで
キウイのシャーベット

【材料】(2人分)
キウイ …… 1個
A | グラニュー糖 …… 大さじ1
　| 水 …… 大さじ1

【作り方】
① キウイは皮をむいて2cm角に切る
② 耐熱の器にAを入れて混ぜ、ラップをしてレンジで約1分加熱し冷ます
③ ①と②を合わせ、保存袋に入れて冷凍する。凍ったらフードプロセッサーでシャーベット状にする

溶けてもおいしいフルーツ氷を
シャンパン、ジュースに入れて
フルーツ氷

【材料】(2人分)
いちご、ブルーベリー、ラズベリーなど

【作り方】
① いちご、ブルーベリー、ラズベリーはへたを取り、水気をふき取り保存袋に入れて冷凍する
② 凍ったフルーツを氷がわりに使う

ヨーグルトと混ぜるだけ。
フルーツ缶詰はお好きなもので
フローズンヨーグルト

【材料】(2人分)
みかん(缶詰) …… 50g
パイン(缶詰) …… 50g
プレーンヨーグルト …… 100g

【作り方】
① みかんと一口大に切ったパインをシロップごと冷凍する
② ボウルに凍った①とプレーンヨーグルトを入れ、ヨーグルトがフローズン状態になるまで混ぜる

熟れたトマトを選ぶのがコツ。
ヨーグルトやアイスのトッピングにも
凍らせプチトマト

【材料】(2人分)
プチトマト …… 10個
A | 砂糖 …… 大さじ1
　| 水 …… 大さじ1

【作り方】
① プチトマトはへたを取り、保存袋に入れて冷凍する
② 凍った①を水につけて皮をむく
③ Aを鍋に入れ、砂糖が溶けたら冷ます
④ ②に③をかけていただく

あると便利な冷凍FOOD

時間の余裕があるときにつくり、冷凍ストック。
シラスおろしはそのまま食べても、焼き魚や薬味にも。
きのこのお吸い物は煮物のだしがわりに使えて便利

面倒な大根おろしが
いつでもさっと使えて重宝
シラスおろし

〖材料〗(2人分)
大根 …… 4cm
シラス …… 10g

〖作り方〗
① 大根をすりおろして、水気を切る
② ①を小分けにして、シラスをのせラップで包み冷凍する
③ 食べるときは自然解凍にする

※大根おろしだけのものをつくっておいても便利

冷凍でうまみがアップ！
料理にプラスすればだしいらず
きのこのお吸い物

〖材料〗(2人分)
きのこ(しいたけ、えのき、しめじなど) …… 50g
A｜水 …… 300ml
　｜和風だしのもと …… 小さじ1
　｜醤油 …… 小さじ1
　｜塩、胡椒 …… 少々

〖作り方〗
① 椎茸はスライス、えのきは根元を落として3cm長さに切る。しめじは石づきを除きほぐす
② 保存袋に①のきのことAを入れて冷凍する
③ 食べるときはレンジで加熱する

生のきゅうりが
本格的なお漬物に変身
冷凍キューちゃん

〚材料〛(2人分)
きゅうり …… 2本
生姜 …… 10g
A │ 醤油 …… 大さじ3
　│ 酢 …… 小さじ2
　│ みりん …… 大さじ1
　│ 砂糖 …… 小さじ1

〚作り方〛
① きゅうりは7mmの輪切り、生姜は皮をむいて千切りにする
② 鍋にAを入れて沸騰するまで加熱する
③ ②の粗熱が取れたら、①と②を保存袋に入れて冷凍する
④ 食べるときは自然解凍にする

ランチにもおやつにも。
トースターで焼くだけ
フルーツトースト

〚材料〛(2人分)
バナナ …… 1本
パイン(缶詰) …… 60g
とろけるチーズ …… 50g
食パン(8枚切りか6枚切り) …… 2枚

〚作り方〛
① バナナは皮をむいて1cm幅の斜めスライス、パインは一口大に切る
② 食パンに①をのせてとろけるチーズを全体にちらし、ラップをして冷凍する
③ 食べるときは凍ったままトースターで4、5分ほど焼く

うちではこんなものも冷凍しちゃいます

使いきれないなと思ったら、パックごと冷凍室にポン！
豆腐やこんにゃく、魚介類なんかも
凍ったままフライパンやお鍋に入れて使っています。

豆腐
冷凍すると水分が抜け、高野豆腐に似たかたい食感になります

納豆
冷凍しても風味も粘りも変わらないから、とりあえず冷凍室へ

卵
生卵をそのまま冷凍。もちもちの食感になりクリーミー！

袋もやし
安くて便利だけれど、すぐに傷んでしまうので袋ごと冷凍！

こんにゃく
凍らせると水分が抜け、お肉に似た歯ごたえある食感になります

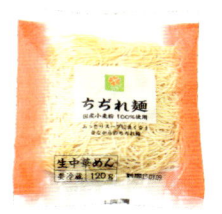

袋めん
中華蒸しめんやうどんは袋ごと。餃子の皮や春巻の皮も冷凍します

キムチ
キムチだけでなく、野沢菜や塩昆布、らっきょうやしば漬けも冷凍

かき
生がきやたこも冷凍に。凍ったまま調理できるので便利

― 冷凍白菜漬け
― 冷凍たこ　冷凍豆腐
― 冷凍あさり
― 冷凍ごはん　冷凍卵黄

全部冷凍でつくりました！

ある日の朝ごはん

豆腐はまわりの氷ごとお鍋に入れて煮込んでしまいます。火が通ったところでスプーンでほぐす。ふんわり、高野豆腐のような食感になります。卵は殻ごと凍らせ、使うときは室温に置き、卵白が溶けてきたら黄味だけ取り出します。

凍らせたスイーツが大好き！

ケーキやおまんじゅうも凍らせてシャリシャリ食べています。

スイーツを凍らせて食べるのが大好きなんです。カチカチから食べはじめて、だんだん溶けてきたところがまたおいしい！凍っていると食べるのに時間がかかるし、食べごたえが出るからダイエット中にもおすすめです。

↙ 冷凍みかんゼリー

cake

yogurt

jelly

pudding

dorayaki

doughnut

73

HOW TO 冷凍 INDEX

冷凍すると栄養価が増したり甘くなったり味が染み込みやすくなって調理時間が短縮できる食材も多いんです。

舘野真知子先生からひとこと

きのこはうまみや香りがアップ。おでんの大根も冷凍して煮込めば短時間で驚くほど味が染みます。フルーツも半解凍で食べると、ぐっと甘みを感じます。これは冷凍により細胞膜が壊れ、火を通したような状態になるためなんですね。

プラスひと手間でもっとおいしく!

きのこミックス
石づきを取り小分けにする

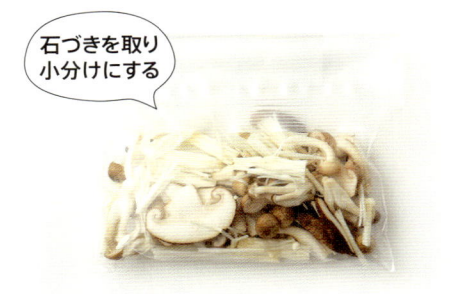

複数のきのこをミックスして冷凍しておくと、うまみの相乗効果でよりおいしさアップ

しじみ
砂ぬきし殻を洗う

肝臓の機能を助けるオルニチンが8倍も増加。沸騰したお湯にしじみを入れればだしいらず

大根
切って調味料に漬ける

しゃぶしゃぶ用の黄金たれ(P17で紹介)に漬けて冷凍。驚くほどしっかり味が染み込みます

根菜ミックス
均一幅に切って水にさらす

冷凍してから煮物に使うと火通りが早く、じんわりと味が染み込んだ仕上がりに

玉ねぎ
スライスする

生の玉ねぎを炒めるより、短時間であめ色玉ねぎに。カレーやオニオンスープに重宝します

そのまま冷凍するだけでパワーアップ！

トマト

凍ったまますりおろすと簡単ピューレに。水で洗っただけでするりと皮がむけるのもうれしい

パセリ

凍ってパリパリになるから、手でもむだけでみじん切りの状態に。お料理のトッピングに便利

レモン

皮と果汁を同時にすりおろすことができ、皮に含まれるビタミンCもたっぷり摂れます

長芋

よく洗って、皮ごと冷凍。ぬめりが取れて扱いやすく、さらさらすりおろせます

小松菜

ビタミンがアップ。冷凍で細胞膜が壊れ、解凍するだけでおひたしが完成

かぼちゃ

カットかぼちゃなら袋ごと冷凍OK。味も食感も変わらず、火通りが早く仕上がります

COLUMN DELUXE 1

おはらごはんの流儀

1. 野菜は皮ごと、りんごも芯まで食べる

にんじん、大根、さつま芋など、野菜は皮ごと調理します。魚の骨やえびの殻もバリバリ食べるのが好き。とうもろこしは芯まで、みかんも皮ごと食べてしまうので、びっくりされます。

りんごは皮ごと丸かじり。芯の部分まで全部食べて残るのはこれだけ

2. 調味料はケチらずよいものを選ぶ

おいしいパスタをつくるコツは、オリーブオイルや塩にこだわって、ちょっといいやつを使うこと。サフランや花椒など、これぞという本格的な調味料がひとつあるだけでプロっぽい味になります。

バターをちょっと高級品にしたら、めちゃくちゃおいしいたらこパスタに

3. 揚げるより焼く、蒸す

うちではほとんど揚げ物はしません。特にダイエットを意識しているわけじゃないけど、素材をそのまま味わうのが好きなので、グリルで焼いたり、蒸したりする方がおいしさを感じます。

レンジで使える蒸し器。このままテーブルに出せて便利です

4. やっぱり基本は「だし」

だしが大事と言いながら、和風だしのもとやだしパックを使っていますが、なにも入れないよりはいいかなぁと。煮干しやするめ、切り昆布など、だしの出るものを加えれば具だくさんにもなります。

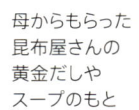

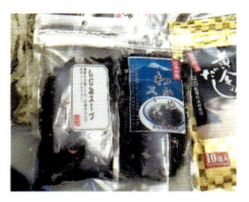

母からもらった昆布屋さんの黄金だしやスープのもと

5. 食べたいものは好きなだけ食べる

外食も大好き。外で食べるときはジャンクフードもスイーツも食べたいものを好きなだけ、楽しく食べています。いろんなお店でおいしいものを食べて、それをまた家庭料理に活かすのも面白い。

但馬牛を食べに丹波篠山までだんなさんといっしょに出掛けました。赤身のおいしさ炸裂！

COLUMN DELUXE 2

マックより愛をこめて

もしも彼女が料理の苦手な女性だったら？
それは考えたことがなかったなぁ。手料理があったから、ケンカをしても仲直りができたというのはありますね。どんなときでも、さっとおいしいごはんが出てくる。同じ空間でいっしょに食事をしていると、最初は機嫌が悪くても自然と仲直りできてしまうんですね。
料理をしている彼女を見ると、結婚してよかったなと思います。とにかくフットワークが軽い。マーボー豆腐が食べたいっていうと、ぱっとつくってくれる。めちゃくちゃ早い。ぼくは気が短い方だから、料理に1時間も2時間もかかるんだったら外に食べに行こうよってなっちゃう。でもやっぱりテレビを見ながらごろごろして、家でおいしいものが食べられるのって最高でしょう。
同じ料理でも毎回ちょっとずつ違うんです。この前ああだったから、今日はこうしてみた、どう？って。料理に対する探究心がすごい。
がんばってくれているから今日は外食にしようかって、家族でおいしいものを食べに行くのも楽しいけれど、やっぱりうちで食べる料理がいちばんいいですね。

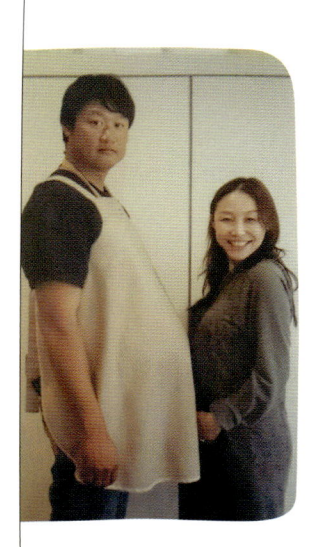

COLUMN DELUXE 3

大好きな朝ごはん&おやつ

普段の料理ではだんなさんの好きなもの、食べたいものをつくってあげたいと思っていますが朝ごはんとおやつは、私自身のお楽しみタイム。ブログでも話題の、おはらの好物をご紹介します!

朝ごはん

ヨーグルトは欠かせません。スタジオ収録でお弁当が出るときも、ヨーグルトのでかパックを持参。だんなさんは朝からしっかりお米を食べたいというので、品数の多い定食風の朝食を用意して、私はヨーグルトにパン、バナナが定番です。

ヨーグルトに
プルーンを入れて。
便秘予防に

新幹線移動の日の
朝ごはんにも
ヨーグルトをプラス

お米が大好きな
だんなさんのための
朝ごはんメニュー

アメリカ旅行で
食べた朝ごはん。
ボリューム満点!

おやつ

煎り豆や煮干しをボリボリ。甘いものはあまり食べないのですが、大福は別。出産直後も陣痛分娩室で大福をぺろり。冷やして固めただけの寒天デザートはわらび餅よりあっさりしていて、食物繊維たっぷりで美容にもおすすめです。

大福だ〜いすき♪
見つけたら必ず
買ってしまいます

黒豆は香ばしくて
あっちゅう間に
一袋ぺろりです

にぼしもおやつに。
そのまんま
ぽりぽり食べます

コーンは凍らせて
スプーンで
シャリシャリと

寒天にオリゴ糖の
シロップときなこを
山盛りのっけて

節分の時期は
コンビニでも買えて
うれしい!

COLUMN DELUXE 4

おはらの片腕

夜、ホームベーカリーの予約をして眠り、
パンの匂いで起きるのが幸せ。
ホットプレートとたこやき器は
わが家に欠かせない調理具。
圧力鍋も時短料理に役立っています。

ミニ中華鍋
手のひらサイズの中華鍋。100円ショップで購入しました。ひとりごはんに大活躍。揚げ物も油が少なくてすみます。

圧力鍋
料理研究家・浜内千波先生の圧力鍋。鍋口が広くて浅型なので使いやすい！ 内側がフッ素加工になっているのも便利。

たこ焼き器
ディスカウントショップで購入。東京でひとり暮らしをはじめてから2台めのたこ焼き器。これももう10年ぐらい使っています。

ハンドミキサー
30年近く使っている年季モノ。中学生のときに買ってもらい、最初は小学生の弟にショートケーキをつくってあげたなぁ。

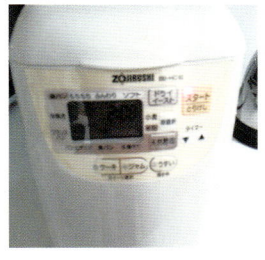

ホームベーカリー
独身時代、だんなさんからXmasプレゼントにもらいました。うれしくてすぐにフランスパンを焼いた♪ 今も大活躍。

ヌードルメーカー
番組スタッフからの誕生日プレゼント。パスタやうどん、ラーメンなど本格的な生めんが簡単にできます。年越しそばはこれで。

ホットプレート
使用頻度、めちゃくちゃ高いです。料理の下ごしらえをしている間に、勝手に焼いて食べはじめてもらえるからラクラク。

フライパン
速水もこみちさんプロデュースのフライパン。蒸気抜き機能がついていて、付属のステンレストレーで蒸し物もできます。

PROFILE

小原正子（おはら・まさこ）
1975年兵庫県生まれ。
2000年、くわばたりえとお笑いコンビ「クワバタオハラ」を結成。バラエティ番組で人気を博す。2014年、元メジャーリーガー、マック鈴木と結婚。2015年3月に男児を出産。子育てをしながらテレビ、ラジオで活躍中。
クワバタオハラ小原正子オフィシャルブログ「女前。」
http://ameblo.jp/ohara-kuwaoha/

STAFF

編集	池上薫
アートディレクション	河村貴志
撮影	志立育
ヘア＆メイク	面下伸一（nude）
スタイリング（衣装）	市井まゆ
スタイリング（料理）	阿部まゆこ
料理制作	舘野真知子、路次江里
料理アシスタント	池田美穂子
校閲	小林達夫（ペーパーハウス）
アーティストマネジメント	菅野雅之、大関貴裕（ホリプロコム）
撮影協力	クライス＆カンパニー ブルトハウプショールーム 東京都港区南青山6-12-4 三越南青山ハウス2F TEL：03-6418-1077 www.tokyo.bulthaup.com

おはらごはん
食べて仲良くなる73のレシピ

2015年6月10日　初版第1刷発行

著　者／小原正子

発行人／林智彦
発　行／株式会社アンドブック
　　　　〒101-0061東京都千代田区三崎町3-10-21
　　　　TEL：03-6261-2390
　　　　http://www.andbook.jp/
発　売／株式会社桜雲社
　　　　〒160-0023東京都新宿区西新宿8-12-1ダイヤモンドビル9F
　　　　TEL：03-5332-5441
　　　　FAX：03-5332-5442
　　　　http://www.ownsha.com/
　　　　info@ownsha.com
印　刷／株式会社誠晃印刷

ISBN978-4-908290-04-6
ⓒMasako Ohara 2015　Printed in Japan

本書の無断複写・複製（コピー等）は著作権法上の例外を除き、禁じられています。
電子データ化、代行業者などによる本書の電子的複製も認められておりません。
落丁本、乱丁本は桜雲社宛にお送りください。送料負担にてお取替え致します。